ユニクロ
監査役が
書いた

強い会社をつくる
会計の教科書

安本隆晴
Takaharu Yasumoto

ダイヤモンド社

はじめに

　僕が公認会計士になって、早いもので33年が経ちました。

　最初の9年間は監査法人の職員として、数多くの上場会社の会計監査にたずさわってきました。それ以降は、途中で税理士として100社弱の中小企業経営者の方々と関わった時期があったものの、続く24年間を通して上場準備コンサルタントあるいは社外監査役として、十数社の企業と深く関わってきました。経営コンサルタントとしては関与先が多い部類に属するとは思えませんが、恵まれているのは、それらの企業のほとんどが成長企業であることです。

　ファーストリテイリングとは、1990年9月に柳井正社長と出会ってからの付き合いですから、すでに21年が経過しました。アスクルとは、2001年6月に岩田彰一郎社長と出会って以来の関わりです。両社ともに現在も社外監査役を続けており、ほかにもリンク・セオリー・ジャパン、UBIC、カクヤスの社外監査役を務めています。2007年からは中央大学専門職大学院国際会計研究科で「上場準備論」「ケーススタディ」「プロジェクト演習」などを社会人学生向けに教える機会を得て、現在に至っています。

どの会社とも最初の接点は「上場準備コンサルティング」あるいは「監査役」ですが、**実際に経営者の方々と議論したり、意見具申してきたのは、活動結果である「会計」から逆に見えてくる経営そのものに対してです。**

経営とは意思決定の連鎖のプロセスのことです。

細かく分けると、お客様を新たに創造し、ニーズに合う商品・サービスを創り出して売り、早めに現金を回収し、再び作って売る、これを繰り返すうちに利益が現金で貯まっていく過程の全部を指します。

経営者は商売のタネについて、どう育てればよいのか考えに考えて仮説を立て、実証し、ダメならやり直します。試行錯誤の連続です。失敗が続いても、めげている暇はありませんし、多少の成功でも喜んではいられません。また、リスクが多いからといって、あきらめたら成功は絶対にありえません。

それらの経営の全プロセスについて、適時に正確に、測定し、記録し、評価し、出資者などの利害関係者に説明するのが「会計」の役割です。経営の活動結果は必ず決算書などの会計数字に反映されるわけですから、経営と会計は表裏一体のものと考えてください。

つまり、**会社の決算書は、利害関係者に対して説明責任を果たすツールであるとともに、**

現在の会社の真の姿を映し出す鏡でもあります。この鏡に表れた会計数字をつぶさに観察し、それを次の行動に活かすことによって、会計の力で会社を変えることができます。

実際、伸びる会社は会計数字の重要性を知っていますし、競争に勝つために独自の数字を作って行動の目安にしています。逆に、数字をおろそかにする会社は、順風満帆に見えてもどこかでつまずいてしまうものです。会計数字に表れた危険信号をなかなか察知できないからです。

したがって、僕が起業したばかりの経営者や中小企業の経営者の方々によく申し上げるのは、「何でも数字化してみてください」ということです。

経営のプロセスを数字化し、それを毎日観察すれば変化が見えてきます。手を打てば数字が動き、その打ち手を変えればどう数字が変化するかが分かります。小売業で時間ごとの顧客入店数、購買客数、男女比を毎日記録しているとすると、打ち手、たとえば品揃えを変え、チラシの書き方を変え、看板を書き換え、ウィンドウディスプレーを変えたことで、男女別の顧客入店数がどれだけ増えたか減ったかが分かります。

このようにして会計数字をもとに計画（ＰＬＡＮ）を立て、実行（ＤＯ）し、それを適時にチェック（ＣＨＥＣＫ）し、差異があれば内容を調査分析して迅速にアクション（ＡＣＴＩＯＮ）を起こす。この「ＰＤＣＡサイクル」をしっかり回していけば、誇りを持てる会社、絶対に負けない強い会社をつくることができます。

本書を通して、経営者から現場の社員に至るまで、あらゆるビジネスマンに会計数字の重要性を理解してもらい、経営にとって嵐のようなこの逆境の時代に、会社を大きく成長させる一助にしていただければと願っています。

若干難しくて退屈な部分があっても、ぜひ最後まで読み進めてください。そして、読みながら自分の頭で考えるクセをつけてください。実務上のヒントになる部分がきっとあると思います。事例やケーススタディを随所に盛り込んだので、自社の経営や自分の仕事に少しでも役立てるべく活用していただければ幸いです。

2012年5月

安本隆晴

強い会社をつくる会計の教科書……目次

はじめに 001

第1章 会計思考経営だけが会社を成長させる 015

1 会計思考がなければ強い会社はつくれない —— 016

会計思考の重要性を知らない経営者たち 016
会計とは説明責任を果たすということ 018
決算書を将来へのジャンプ台にする 021
全社員が会計思考できる「全員会計思考経営」を目指す 023

2 あなたの会社を「軽自動車」から「F1マシン」に変える —— 026

あらゆる観点から数字をつかまえる 026

「軽自動車」から「F1マシン」に乗り換える 027

3
強い会社はどんな数字にこだわっているか？——029
どんな大企業も、最初は中小企業だった 029
高い志・目標とマイルストーンをセットにする 032
基本事業が儲かっているか、お金が回っているか 035

4
倒産会社の決算書から学べること——038
会計思考の欠如がL社の倒産を招いた 038
決算書に表れていた破たんの兆候 040

5
ユニクロの急成長を支えた会計の土台づくり——043
僕がファーストリテイリングの監査役になった経緯 043
真っ白な模造紙に、あるべき姿の組織図を描く 045
各業務の目的とミッションを明らかにし、必要な人材をあてはめる 046
標準店舗の規模と1店舗当たりの標準損益構造を決める 050
月次で迅速に予実差をつかみ、すぐに手を打つ 052
将来の成功要因とリスクを洗い出し、成長目標を設定する 054

第2章 「月次決算」の迅速化と予算管理の徹底が強い会社の基本！ 055

1 なぜ予算や計画を立てなくてはならないか —— 056

予算は将来に向けた「意志」であり、行動するための「仮説」でもある 056
あなたの会社に合った月次予算をどう作るか 059
「前年比○○％増」の前例踏襲目標は今すぐ捨て去ろう 060
月次予算書は目標レベルの異なるものを2つ以上作る 061

2 予算管理で会社の問題点を「見える化」する —— 062

月次決算で「計画＝予算」と「実行の足跡＝実績」を常に比較する 062
もう一歩進めてアラートシステムを組み込む 065
月次決算書は「翌月5日まで」がタイムリミット！ 067

3 のろのろ月次決算を最速決算に変える社内大作戦 —— 068

月末締めなのになぜ3週間もズレ込むのか？ 068

全部門を巻き込み、筋肉質のアスリート部門に変える 069
月次決算が軌道に乗ったら、最終目標は「日次決算」へ！ 071

4 管理部門にこそ優秀な人材を張り付ける――073
生産性をつかさどるのは、実は管理部門 073
会社の成長に合わせて管理部門の人材をどう増やすか 075
管理部門を安易にリストラの対象にしない 077

5 「実地たな卸」が決算能力を左右する――078
「実地たな卸」がなぜ重要なのか 078
在庫残高と帳簿残高に差異が出たときの対処法 080

6 売掛金と買掛金の残高確認をやってみる――084
売掛金の残高を取引先に問い合わせる 085
買掛金の残高に差異が出たときの対処法 086

7 そば屋でストップウォッチを使う――088
仕事が渋滞している会社は利益も出ない 088
全社員の「仕事のたな卸」をしよう！ 089

第3章 儲かる強い会社にするための会計数字の使い方　091

1 損益構造が利益・現金を生み出せる体質になっているか？―― 092

主たる事業の損益構造と営業キャッシュフロー構造を知っているか　092

粗利率、販管費比率は同業他社と比べてどうか？　096

粗利率を高めるためにどんな手を打つか　098

販管費比率を引き下げるためにどんな手を打つか　099

2 部門ごとの損益構造は計画どおりか？―― 103

1本足打法よりも3本足打法で中長期に安定化　103

本当の部門別損益は営業利益まで算出する　104

部門別の営業損益を事業の改廃につなげよう！　106

3 社員に決算書を公開し、1人当たりの決算書を作る―― 107

社員に決算書を公開してみよう！　107

社員1人当たり損益計算書の作り方 108
年収500万円の社員はいくら稼がなければならないか 111

4
在庫削減はトップ主導の経営改革の命 —— 115
滞留在庫はカネの回転を妨げる悪玉 115
滞留在庫を会計数字で素早くキャッチする方法 116
「無在庫物流」を目指してみよう! 118

5
適切な方法で減価償却しているか? —— 120
分かりにくい減価償却もこう考えればうまくいく 120
減価償却のやり方は仮定に満ちている 122
独自に耐用年数を見積もっている上場会社は多い 124
わが社でも耐用年数を独自に見積もってみる 127

6
貸し倒れの心配はないか? —— 128
売掛債権の管理部門はどこか? 128
100万円の貸し倒れをカバーするのに売上はいくら必要か 129
与信管理の大切さを分かっていない経営者が多い 130
貸し倒れを防ぐために債権管理でやっておくべきこと 132

第4章
強い会社をつくるタコメーターの魔術

135

1 経営指標は「会社のカルテ」──136

同業他社比較や自社決算書の連年分析で分かること 136

必ず覚えておきたい12種類の指標 140

2 投下した資本は効率的に利益を生んでいるか？──141

財務分析で大事なのは「総資本利益率」と「総資産回転率」 141

「売上高伸び率」と「総資産伸び率」の関係を見る 142

3 損益分岐点を見れば一番ムダなものが分かる──144

損益分岐点はこうして計算する 144

損益分岐点を低くする5つの方法 146

ラーメン店は1日何杯販売すると儲かるのか？ 149

4 あなたの会社のタコメーターを作る──152

自社ならではの経営指標を1枚にまとめる 152

優れた会社は独自の注目指標（KPI）を持っている　154
数値の変化を見て、どんな手を打つか考える　160

5
企業のライフサイクルごとに優先課題は変わる――161
企業は生きている　161
スタートアップ期のうちに成長期に備えておく　162
個人商店から組織へ脱皮するための仕組み作り　164

6
ムダな経費をカットしよう！――166
上手なコストダウンとダメなコストダウン　166
いくつかの経費削減サービス事例　168
価値を創造する日本電産の「ムダ減らし」　169
節電目標だってクリアできた！　172
ムダな会議にかかるコストを計算してみる　172

7
東レの経営改革「NT21」から学べること――175
危機感からの経営改革　175
こんな会計数字が人を動かした　176

第5章 強い成長企業の会計数字ケーススタディ 179

1 会計思考できる経営者のもとで強い成長企業が育つ —— 180

経営者に求められる3つの要素 180

全社員に至るまで会計思考できるようにする 181

2 ユニクロのケーススタディ —— 184

なぜ柳井社長は「売上高5兆円」を目標に掲げるのか？ 184

上場前の出店資金は回転差資金から 186

良いものを安く提供するために、どんな数字を使っているか？ 191

在庫を増やさないための仕組み 194

売上の目安をつかむ「月坪効率」 195

人時を計算し生産性を測る 199

3 アスクルのケーススタディ —— 202

成熟産業のなかでのニュービジネスの芽生え 202

アスクルの船出とビジネスモデルの進化 205

最適在庫量を決める仕組み作り 207

4 コマツのケーススタディ — 210

赤字転落の主因は固定費にあった 210
決算の迅速化が経営改革のカギとなる 212

5 日本マクドナルドのケーススタディ — 214

QSCのことだけを考えろ! 214
サービス力を高める独自の経営指標「CSO」 217

6 ヤマト運輸のケーススタディ — 219

数字による予測計算で宅配需要を確信 219
サービスレベルを数値化し、配達品質を高める 223

おわりに 225

第1章

会計思考経営だけが
会社を成長させる

1 会計思考がなければ強い会社はつくれない

会計思考の重要性を知らない経営者たち

僕がかつて税務顧問をしていた中小企業経営者の多く、そして上場準備や経営相談に来られた経営者の多くは、会計思考が十分とは言えませんでした。というより、自分の守備範囲である営業畑か技術畑など以外にはほとんど無関心で、会計思考をしていない方が多かったです。

経営者自らが経理や財務の重要性をよく分かっていないので、社内に経理・財務専門の担当者がいないのです。月次決算はほとんど税理士の先生任せになっています。ユニクロの柳井さんと知り合った当初もそれに近い状態でした。

幸い、柳井さんは大変な勉強家・読書家であったし、会計思考や経理・財務の重要性を理解し、すぐさま経理・財務マンを募集してくれました。また、僕の経営コンサルティングの窓口担当者として取り組んでくれた社員の菅さんは、もともと会計思考を持った方で、柳井さんは早い段階で菅さんを取締役として選任し、ナンバー2の専務として重用しました。

会計思考と言っても難しくありません。詳しくは後ほど述べますが、基本的には**「自社の儲けの構造＝損益構造」と「現金収支の構造＝キャッシュフロー構造」がどうなっているかを知り、その両者をどのようにプラスにし、金額を増やしていくかを考えて実行することです。**思考のベースを会計数字に求めるのです。

それに加えて、たとえば外食産業であれば、店舗別の損益計算書を前年同月と比較して売上高や営業利益がどう増減したのか、従業員1人当たりの売上高はどのように変わったのか、あるいは店舗面積1坪当たりの毎月の売上高の変化を調べるのです。

たったこれだけでもいろんなことが分かり、異常な変化があればすぐに手を打つことができます。さらに月別・店舗別の予算を立てておき、これと実績値を比較すれば、もっといろんなことが見えてきます。経営者だけでなく各店舗の店長にも月次決算書の見方を教えれば、店舗運営がより計画的・科学的になり、どういう手を打てばどの数字が動くかが理解できるようになります。そのためには、月次決算をできるだけ正確に、しかも迅速に作ることが必要です。

ただし、会計数字の変化を調べるにしても、元になる数字をきちんと把握しておく必要がありますが、それさえもできていない会社が多いのも事実です。

たとえば「従業員1人当たりの売上高はどう変わったのか?」を分析する場合でも、「従業員」が昨年1年間、何人働いていたのかが分からない。分かっているのは正社員数だけです。ほかにパートやアルバイトがいるので、すべての労働時間を集計してから8時間換算して人数を逆算するのですが、その元資料がないのです。こんなときは仕方なく推定するしかありません。

経営は決してうまくいくときばかりではなく、リスク覚悟で試行錯誤をしないと継続・発展しないものです。そんなときにこそ会計思考すれば、トライアンドエラーの結果が一目瞭然になります。会計数字で考え、実行し、事業を評価し、実行結果の数字が人を動かすのです。

まずは、会計や決算書の意味から、そして、強い会社がどんな会計数字にこだわっているかを見ていくことにしましょう。

会計とは説明責任を果たすということ

会計とは、金額換算できるすべての取引を決まったルール(複式簿記)によって決算書にまとめる方法であると同時に、出資者・投資家・債権者などに一定期間の損益と資金の

図表1｜会計とは、損益と資金の流れを説明すること

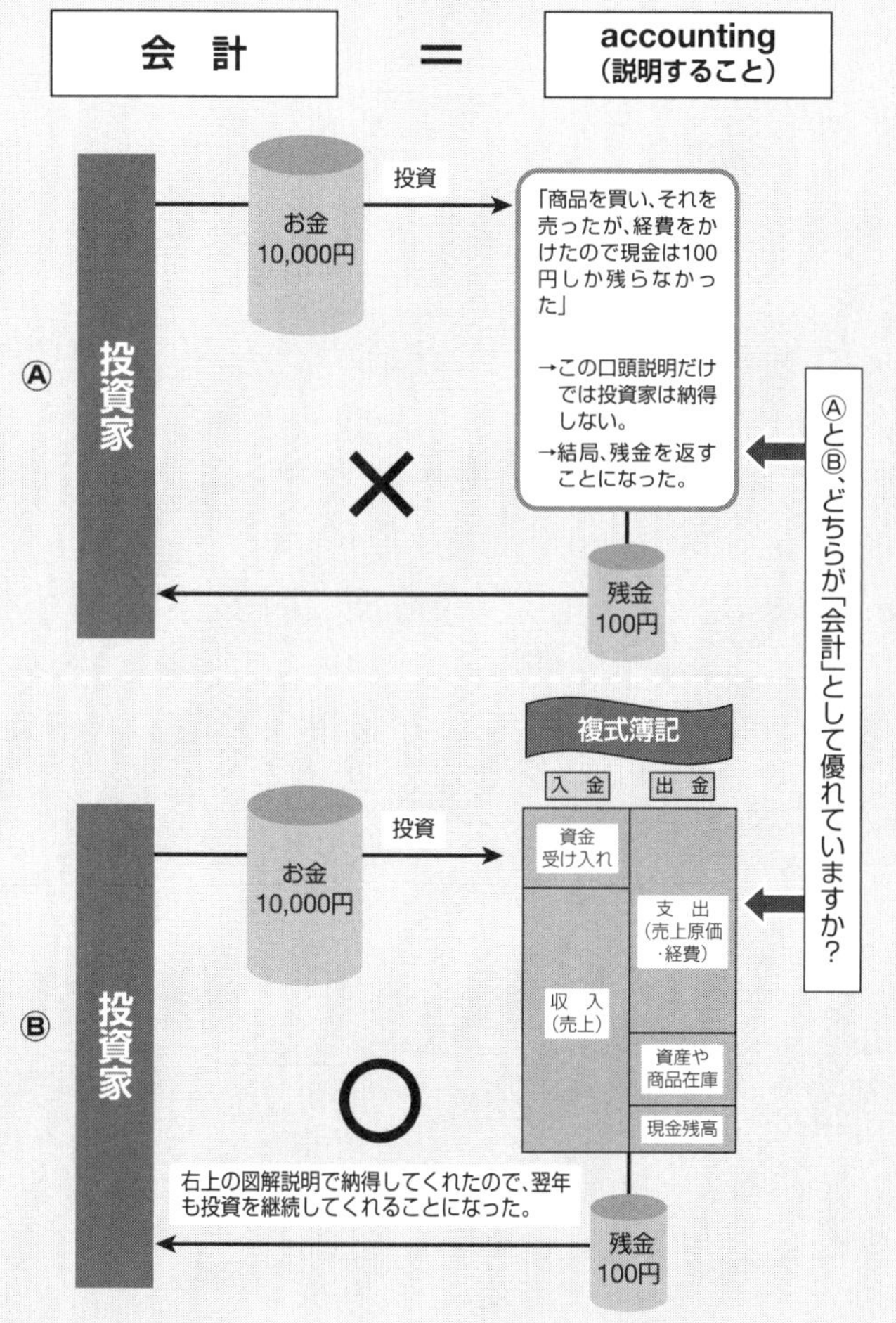

会　計
＝
accounting
（説明すること）
Ⓐ
投資家
お金
10,000円
投資
「商品を買い、それを売ったが、経費をかけたので現金は100円しか残らなかった」
→この口頭説明だけでは投資家は納得しない。
→結局、残金を返すことになった。
×
残金
100円
Ⓑ
投資家
お金
10,000円
投資
複式簿記
入金
出金
資金受け入れ
収入（売上）
支出（売上原価・経費）
資産や商品在庫
現金残高
○
右上の図解説明で納得してくれたので、翌年も投資を継続してくれることになった。
残金
100円
ⒶとⒷ、どちらが「会計」として優れていますか？

流れを説明することです。図表1のように、単に口頭で説明するより、複式簿記の方法で記帳した決算書を使って説明したほうが、相手（投資家）の納得度は明らかに上がります。

会計は英語でaccountingと言いますが、この言葉には報告や説明という意味もあります。accountingとresponsibility（責任）を合成したaccountabilityという造語は「説明責任」という意味になり、新聞記事などで「経営者は、今回の投資損失についてアカウンタビリティを果たすべきだ」という具合に使われ、すでに日本語化しています。

中世ヨーロッパの大航海時代以降、会計のやり方は複式簿記の浸透とともに世界中に広まっていきました。複式簿記とは、すべての取引を帳簿に記入する方法とルールのことで、大昔から変わらない世界共通語なのです。

大航海時代には、まずオーナーや出資者から元手となる資金を集め、物々交換するための積み荷を買い、船を借りるか建造し、命がけで航海に出かけ、目的地で胡椒《こしょう》や金銀地金と交換して元の港に戻ってきました。

現代ならさしずめベンチャー企業の経営者である船長は、無事に一航海終えるとオーナーや出資者に次のような計算書を示しました。

「目的地から獲得・運搬してきた積荷の売却収入 ＋ 出資金 － 交換するべき財貨の買入代金 － 船の建造費 － 航海中の維持費・人件費・経費 ＝ 残金」

この残金がプラス（利益）になれば、船長の取り分を除いたあと、出資者には出資額に応じて分配する仕組みです。オーナーが費用全部を負担したのであれば、船長とオーナーは折半ということもあったでしょう。仮に、船が沈没して戻って来られなかったら出資金も回収できず、それで一貫の終わりです。無事に一航海終わって港に戻って来られれば、オーナーや出資者に計算書を見せて説明してから残金を分配したはずです。

積荷を売却した金額（**売上高**）から、そのために直接かかった**売上原価**と**経費**を差し引いて**利益**を算出するという会計ルールによって作られた決算書は、昔も今も変わらず、説明責任を果たすツールであると言えます。

決算書を将来へのジャンプ台にする

大航海時代の決算書は、出港してから胡椒や金銀を得て戻ってくるまでの航海の全期間が対象ですから、2年か3年か、それ以上かかることもあったでしょう。しかし、現在の決算書は、会社法や法人税法などが規定しているように、1年間の企業の経営成績を示します。1年間という決算期のなかで売上を上げ、それに対応する売上原価や経費を差し引いて損益を確定すると同時に、期末日の財産の残高を示します。

決算書は、出資者である株主や借入先である銀行、仕入先等の債権者、税金を支払うための税務署などに対する、1年間の業績を説明するツールです。しかし、そのためにだけ存在しているわけではありません。

決算書は本来、経営者の1年間の成績表であり、今現在の会社の真の姿を映した鏡です。自分自身ではなかなか気付きませんが、健康診断で「異常値」が出ると、要注意や再検査の対象となる健診結果と同じです。

何年か継続して自社の決算書を見ていくと、いろいろな気付きがあるものです。売上高や利益が伸びていないのに、総資産ばかりが増えている。増えた中味は商品在庫と売掛金、それに見合う銀行からの借入金…。これでは心配です。前年と比べて、利益が同じで総資産が増えているとしたら、明らかに経営効率が悪くなっているのです。

こんな実態を発見したら、すぐに何をすべきか考えて実行すべきです。滞留在庫を処分し、在庫回転率を上げ、売掛金の回収を急ぐとともに、できるだけ借入金を返済し、借金体質から抜け出さないと、このまま行ったら破たんするかもしれません。

そうです。**決算書は今現在の会社の姿を映す鏡であると同時に、今後の経営の方向性を決める目安です。**言い換えれば、**決算書は過去の結果であると同時に将来へのジャンプ台の役目も果たせるものなのです。**

現在は何事もスピードが要求される時代ですから、決算も年1回の「本決算」や3ヵ月ごとの「四半期決算」、月に1度の「月次決算」を行なうのは当たり前ですが、毎日決算を行なう「日次決算」を行なっている企業もあります。日々、鏡を見ながら反省しつつ、ジャンプするためです。1歩下がっても2歩前進できればいいのです。

全社員が会計思考できる「全員会計思考経営」を目指す

ビジネスの基本はPDCAをうまく回すことです。

PDCAをうまく回すのは経営のどの階層でもきわめて重要で、経営トップでも現場の社員でも計画（P）したことを実行（D）し、それを適時にチェック（C）し、差異があれば調査分析して迅速にアクション（A）を起こします。

そのときに物差しとなるのが「会計思考」です。

会計思考とは「競争に勝つために利益を生み出し、お金を残すために会計数字を使って思考する方法」のことです。具体的には「自社の基本的な儲けの構造＝損益構造」と「現金収支の構造＝キャッシュフロー構造」がどうなっているかを知り、その両者をどのようにプラスにし、その金額を増やしていくかを考えて実行することです。

顧客のニーズをとらえ、事業の芽を育て、成長させるための経営課題について考え、意思決定し行動を起こすときに、常に会計的に利益が出るか、お金が残せるか、このままインプットを続ければ成果（適正で妥当なアウトプット）が出せるかについて、いろんな場面で会計数字を駆使して自問自答してみてください。これが会計思考です。

すべての社員が、この会計思考を通じてPDCAを回すことができれば、財務内容が盤石な強い会社、誇りを持てる会社、絶対に負けない会社になれます。なにも一流大学卒やMBA取得の人ばかりではなく、普通の能力を持った人々が集まった会社であっても、その社内のチームワーク力は掛け算で大きくなり、無限に広がります。

社員全員が経営者のような感覚を持って仕事ができれば、なおさらです。それを実現するには強力なリーダーシップと社員全員の多大な努力が必要ですが、ここまでくれば全員経営と呼べます。

「全員経営」と言えば有名なのは、宅急便の生みの親である小倉昌男ヤマト運輸（現ヤマトホールディングス）元会長の名著『経営学』（日経BP社）による定義です。

「全員経営とは、経営の目的や目標を明確にしたうえで、仕事のやり方を細かく規定せずに社員に任せ、自分の仕事を責任をもって遂行してもらうことである」

全社員の隅々まで、分担された役割ごとの権限が委譲されていて、各人の自由裁量の幅が大きい。その代わり、責任も重い。そんな会社なら、全社員に成長意欲と能力があり、同時にしっかりした教育制度さえあれば、すぐにでも超優良企業になれます。

図表2 | 会計思考とは何か

会計思考とは？

企業間競争に勝つために利益を生み出し、お金を残すために会計数字を使って思考する方法。

PDCAを回すときに行動の「モノサシ」となる考え方で、「損益構造」と「キャッシュフロー構造」の両者を知り、利益と現金をどう増やすか考えて行動すること。

損益構造	＝	事業の儲けの構造	＝	売上高－売上原価－販管費＝営業利益
キャッシュフロー構造	＝	事業の現金収支の構造	＝	現金収入－現金支出＝現金残高

顧客のニーズをとらえ、事業の芽を育て、成長させるための経営課題について考え、意思決定し行動を起こすときに、常に会計的に利益が出るか、お金が残せるか、このままインプットを続ければ成果（適正なアウトプット）が出せるかについて、いろんな場面で会計数字を駆使して自問自答してください。

さらに、僕はこの「全員経営」に「会計思考」という言葉を添えて造語し、全社員が経営者のような感覚と経理的なセンス（会計思考）を身に付けた**「全員会計思考経営」**を提唱したいと思います。ここまでくれば最強軍団、鬼に金棒、怖いものなしです。

2 あなたの会社を「軽自動車」から「F1マシン」に変える

あらゆる観点から数字をつかまえる

経営者が顧客を創り出す、あるいはニーズを探り出す方法を考え、実行すると、そのつどお金が動き、それらの総合的な結果はすべて決算書（会計数字）となって表れます。粉飾するか、不正をするか、取引が抜け落ちるか、取引がダブるようなミスをするか、会計処理を誤るか、そんなエラーをせずに正しい会計処理をし続ければ、行動結果は決算書に確実に反映されます。

ただし、実行の結果がすべて完璧に表示されるかと言うと、そうでもないときがあるのでやっかいです。

たとえば、酒販店でこんな事例がありました。

昨年度は5000万円の売上高があり、当期利益は100万円でしたが、今年度は4500万円の売上となり、当期利益はマイナス200万円の減収減益でした。しかし、今年度は昨年度より総売上本数は多いし、顧客への配達回数は1割以上も多い。実感として、店員は相当頑張って客先に配達していたのです。いったい何が起きたのでしょうか？

実は、売れた商品の内容を前期比較すると、ビールの売上本数が減り、ビールよりも単価と粗利率が低い発泡酒やミネラルウォーターの本数が増えていたのです。

店員の努力の成果が赤字では困ります。利益率の高い得意先だけに絞る（規模を縮小する）とか、商品単価や品揃えの見直しをする、あるいは利益率の低い業務用の配達をやめてワインや日本酒の特選売場を作る（投資する）など、抜本的な改革が必要だと思います。

経営の実行結果はすぐに会計数字に表れるものもあるし、表れないものもあります。したがって、今述べた総売上本数とか配達回数のように、いろんな観点から数字をつかまえて分析し、まずは経営の実態を把握することが大事です。

「軽自動車」から「F1マシン」に乗り換える

企業経営は他社との競争です。他社と同じ土俵（事業領域）で勝負するのであれば、自社が競争に勝たなくては他社に食われ潰れるだけです。

自動車に例えると、走るだけなら小回りのきく軽自動車で十分かもしれませんが、競争するなら最新鋭のF1マシンに乗らないと勝てません。競争に勝つにはマシンのスピードが重要ですが、精密な計器類やピットインしたときの有能なクルーの一致協力体制にも頼ることになります。

では、どうすればあなたの会社を、グランプリレースに勝てるようなF1マシンに変えられるのでしょうか。F1マシンは、高速回転の強いエンジン、軽くて丈夫な洗練されたボディ、強くて地面に吸いつくタイヤ、精密な計器類、有能なドライバーがワンセットです。**エンジンとボディは、企業経営においては事業そのものです。運転するときに頼るべき計器とハンドルが、会計思考と決算書なのです。そしてドライバーは、経営者あるいはビジネスマンのあなたです。**

儲けの出る損益構造とプラスのキャッシュフロー構造を持った事業が、会計思考を身に付けたあなたに経営される。そして、正確・迅速に作成される月次決算書を予算と比較しながら分析し、問題があればすぐに手を打つ。それができれば、成長を続けられる強くて良い会社になれます。

3 強い会社はどんな数字にこだわっているか？

どんな大企業も、最初は中小企業だった

トヨタ自動車、パナソニック、キヤノン、イオン、セブン&アイなどの大企業も、当たり前の話ですが、創業当初はどこも中小企業でした。

創業当初に製品を完成させた頃は、どんな売り先に出向いても「おたく、何の会社？」「どこのどいつ？」という問答から始まっていたはずです。「今忙しいから、あっちに行って！」と言われていたかもしれません。その時々の顧客ニーズに合わせた製品を作って売り、顧客に喜ばれたうえで利益を生み出し、徐々に組織の規模が大きくなっていったのです。

その過程では、往年の大起業家のそばで、必ず会計を取り仕切っている人がいました。パナソニック、かつての松下電器産業での事例はとくに有名です。

1935（昭和10）年に松下電器は株式会社になりましたが、その当時のことを創業者

の松下幸之助さんは、『「松下経理大学」の本』（樋野正二著、実業之日本社、１９８２年６月）の序文に書いています。少し要約してみます。

創業当時から店（松下幸之助さんは会社のことをそう呼んでいました）の会計は家計とはまったく別にして月々決算を行ない、その結果を毎月社員に報告していました。いわゆる「ガラス張り経営」を実践していたけれども、株式会社になったのを機に経理の制度をそれに相応しいものに変えたいと考えていました。ちょうどその頃、朝日乾電池という会社と合併したことが縁で当社に入社していた高橋荒太郎さんに、経理の責任者になってもらいました。

そのとき松下さんは、高橋さんと部下の樋野さん（この本の著者）にこう伝えたそうです。

「経理というものは単に会社の会計係ではなく、企業経営全体の羅針盤の役割を果たすいわゆる経営管理、経営経理でなければならない」

松下さんの要請を受けて、高橋さんと樋野さんが中心になり、その後の松下電器発展の礎を築いた経理社員１５００人（先述の著作の出版当時）を育て上げたのです。この経理社員たちは本部にいるのは１００人ほどで、ほかは全部、各事業部や関連会社などの現場に配属・出向していて、「経理の乱れは経営の乱れ」にならないように現場で目を光らせているそうです。

事業成長の支えになる管理部門は、守りを強くすれば、攻めも強くなります。とくに経理を大切にしてきたからこそ、パナソニックの今日の発展があったといっても過言ではないと思います。松下さんが「経営の神様」なら、高橋さんは「経理・経営管理の神様」と言えるかもしれません。

２０１１年10月5日、56歳の若さでこの世を去ったアップル前ＣＥＯのスティーブ・ジョブズ氏の公認の伝記『スティーブ・ジョブズⅠ・Ⅱ』（ウォルター・アイザックソン著、井口耕二訳、講談社、11年10月）にも、起業した初期の頃からマネジメントのできる人を迎え入れたという事例が登場します。

「私に投資してほしいなら、まず、マーケティングと物流が分かり、事業計画が策定できる人をパートナーに迎えなさい」と、シリコンバレー有数の投資家であるドン・バレンタイン氏がジョブズ氏にアドバイスしました。ジョブズ氏はバレンタイン氏が推薦してくれたマイク・マークラ氏と会い、意気投合し、マークラ氏はその後20年間アップルに欠くことのできない存在になったのです。

彼は価格戦略、物流、マーケティング、財務の専門家で、フェアチャイルドとインテルで働いた経験を持っていたそうです。**偉大な創業者のそばに偉大な経営参謀がいた、という好例です。**

成長し続ける強い会社は、どこでも最初は零細・中小企業から始まり、創業者が会計思考を使いこなす経営参謀と出会い、決算書に載っている勘定科目ごとの数字や一般的な経営分析指標のみならず、自社独自の行動結果を表す数字にこだわりながら経営してきました。自社独自の数字といっても、高等数学や複雑な統計数字は必要ありません。**何が当社の最も基本的な努力の成果を反映する数字かをはっきり見きわめ、それを行動の指針とすることです。**

たとえば小売業であれば、既存店売上高、購買客数、買い上げ点数、購買単価などの前期比較増減、月坪効率（第5章参照）、在庫回転期間などを注視します。核となる事業ごとに、どのような単位で、何をどのように評価するか決めて、その数字を追い続けてください。数字の変化を見て、次の行動につなげます。第5章までにさまざまな事例を取り上げたので、参考にしてほしいと思います。

高い志・目標とマイルストーンをセットにする

企業を継続的に成長させるためには、創業時に経営者が掲げた高い志を持ち続けることが必要です。それと同時に、**常に高い目標を掲げ、その目標に向かって全社員で努力するような組織をつくることです。**単に「安定成長」を目指すとして低い目標を掲げていても、前期比100%に達することすらできないことがよくあります。

1990年9月下旬に僕が初めてユニクロを訪れたときから、柳井社長は、現状の課題を解決するためにファーストリテイリング（「早い小売」という意味です）の構築を通して、「カジュアルウエアのスタンダード」を作りたいと仰っていました。地方の中小企業であったユニクロ（旧小郡商事）を上場準備コンサルティングし始めた頃の様子は改めて詳述しますが、まずはこの大風呂敷とも言われかねない高い志と目標について触れておきます。

彼は翌91年9月1日に、「いつか世界中の資源、設備、才能、情報を利用し、顧客の欲する商品をどこよりも早く、安く、大量に販売する」と全社員の前で宣言し、そのコンセプトを現したファーストリテイリングを社名にすることにしました。

「カジュアルウエアのスタンダードを目指す」とは、当社を「世界一のカジュアルウエア企業にしたい」ということです。ひょっとすると大ぼら吹きになる可能性がありましたが、非常に高い志であるとともに、彼と詳細を議論・検討していくと、分かりやすい論理展開で実現できそうな感じがしたものです。

当時、「標準的なユニクロ店舗を毎年30店舗ずつ出店し、3年経てば90店舗以上となり、上場できる規模になる」とマイルストーン（道標）を具体的に掲げたことも、成功要因の1つだったと思います。

1994年7月14日に広島証券取引所に上場したのちは増収増益を重ね、99年、2000年のフリースブームを頂点に減収減益となったものの、03年を底として徐々に業績は回復していきました。そして、売上高が3839億円だった05年8月期に柳井社長が掲げた目標が**「2010年売上高1兆円、経常利益率15％」**でした。

その結果はどうだったでしょうか。11年8月期は「売上高8203億円、経常利益率13・1％」ですから、目標には達しませんでした。しかし、もしこうした高い目標がなかったら、はるかに低い売上高実績になっていたことと思います。経常利益率も立派なものです。

現在、柳井社長が掲げているのは**「世界一のアパレル製造小売業になる。2020年売上高5兆円、経常利益1兆円」**です。長期の目標は達成できそうにないくらい高くても、来年、再来年、その翌年の目標値と、それぞれのマイルストーンは何とかなりそうです。それらを一歩ずつ確実にこなしていけば、このような高い目標もクリアできると思います。

大事なのは、目標値から逆算して今何をしていなければいけないか、ということです。

現在を一歩一歩努力している会社は、1年、2年、3年と経つにしたがって、努力していない会社との差が大きく広がっていることでしょう。

読者の皆さんにも、現状の課題を一歩ずつ解決して足元を固めると同時に、高い志を持ち、高い目標に向かって一歩ずつ前進することをお勧めします。

基本事業が儲かっているか、お金が回っているか

経営で何よりも大事なことは、基本となる事業が儲かっているか、お金が約束の期日(回収期限)どおりに回収され、対応する原価や経費を支払ったあとでお金が確実に貯まっているか、です。

小売業、卸売業、製造業、サービス業、不動産業など、どんな事業にでも基本の損益構造があります。農業、林業、水産業などにも存在します。基本となる事業の損益構造が、「売上高から売上原価・経費を差し引いて利益が出ているか」です。経営努力しても利益が出ない事業は、3~4年も待つ必要はなく即座に中止すべきです。

いくつかの事業が絡み合い影響し合っている場合には、1つひとつに分けて判断すべきでしょう。分けられないような複雑な事業があったとしたら、それ自体が問題なのかもしれません。

また、売上が上がり計算上の利益が出ていたとしても、それ相当のお金が生み出されず、未回収の売掛金や商品・製品・仕掛品在庫がどんどん増えて滞留しているだけではダメです。利益が出ていてもお金が回収されずに資金ショートしてしまう「黒字倒産」は、絶対に避けなければいけません。

損益構造がプラスでも、現金売上ではなく売掛金が膨らんでいくだけでまったく回収されず、一方の支払条件は現金払いで現金収支（キャッシュフロー構造）はマイナス、というのでは黒字倒産の危険性大です。損益構造とキャッシュフロー構造のバランスを常に見張っておく必要があります。黒字倒産は江戸時代からの古い言葉で「勘定合って、銭足らず」と言われてきました。その状態を図表3で解説しておきます。

一般的に売上が急増しているときには、簡単に資金ショートしやすいので、必ず週ごとに**「資金繰り予定表」**（187〜191ページ参照）を作り、細心の注意を払って現金収支を管理すべきです。

次の項では、倒産会社の事例を取り上げて、売上規模拡大の最中にこそ破たんの芽が潜んでいた、という実態を明らかにします。

| 図表3 | なぜ黒字倒産が起きるのか?

黒字倒産とは「勘定合って、銭足らず」の状態

ある会社の期首の貸借対照表が、次の通りだったとします。

期首貸借対照表

現　　金	100	負　　債	350
固定資産	300	資　　本	50
合　　計	400	合　　計	400

◆1年間合計で商品を80仕入れ、支払をすませたのち、この商品を150で売ったとする。ただし、代金回収は遅れてすべて翌期になってしまいました。このまま期末を迎えたとすると、貸借対照表はどうなるでしょうか?

期末貸借対照表

現　　金	20	負　　債	350
売 掛 金	150	資　　本	50
固定資産	300	利　　益	70
合　　計	470	合　　計	470

◆利益は150-80=70も生まれたのに、逆に現金は増えるどころか100から20に減っています。まさに「勘定合って、銭足らず」の状態です。もし、期末日に借入金元金40の返済予定であれば、資金は完全にショートしていた(黒字なのに倒産する)ことになります。

◆なぜこのようになるかというと、現在の企業会計が発生主義、つまり現金の入出金とは関係なく、取引の事実があったかなかったかで記録される方式だからです。売上という事実に基づいて帳簿に記帳されるので、利益が出ていても(勘定が合う、と言います)現金は減っていた(銭足らず)のです。現金の入出金の動きがいかに重要か分かりますね。損益計算書を作るだけではダメで、実績値ではキャッシュフロー計算書、予定値では資金繰り予定表を作って管理することが大切です。

4 倒産会社の決算書から学べること

会計思考の欠如がL社の倒産を招いた

2002年にエステティック業界初の上場（大阪証券取引所ヘラクレス、現在はジャスダック）を果たしたL社は、08年3月、顧客に対し悪質な勧誘をしたとして東京都から行政処分を受け、それ以降は店舗数を徐々に縮小していきました。

同年及び翌09年3月期決算の監査報告書には、「継続企業の前提に重大な疑義あり」として追記情報が付されています。この先、企業として継続していけるかどうか不明ということです。その後も業績悪化をたどり、10年10月には民事再生手続きの開始を申し立て、翌11月には上場廃止となりました。

せっかく多大な努力とコストをかけて株式上場を果たしたのに、わずか数年後に不正事件や倒産などで上場廃止するケースが後を絶ちません。L社の場合は、行政処分が倒産への直接の引き金となったのでしょうが、経営者がもっとコンプライアンス（法令遵守）と会計思考の大切さを分かって行動していれば、倒産を免れたと思います。

もし仮に、資金力の乏しい若年層の顧客に対して100万円を超える販売契約を無理に結ばせたりせず、エステシャンに大きな販売ノルマを課さず、施術や接客などの教育を徹底し、顧客の求めに応じて地道に施術を続け、リーズナブルな販売価格でサービスを提供していたとすれば、それ相応の売上・利益のアップにつながったのではないか、と思うと悔やまれます。

このような本業そのものの反省点や「たられば」論議はともかく、**何よりも月次決算を毎月タイムリーにきっちりやっていれば、財務内容が徐々に悪化していく過程を察知することができ、それなりの手が打てたはずです。**

L社の経営者は、日次の売上状況、月次の損益結果と資金繰り予定をそのつど、迅速・確実・正確に分析し、果たして冷静に判断・対処していたのか。攻めの営業ばかりを口にしていたのではないでしょうか。

営業赤字が3年続き、債務超過が2年続いた…これではもう遅いのです。そうなる前に、破たんの兆候をつかむべきだったと思います。

決算書に表れていた破たんの兆候

金融庁の「ＥＤＩＮＥＴ」に同社の決算資料（２００7年3月期から10年3月期までの有価証券報告書）が残されていたので、それに基づいて損益及び財務状況の推移表を作ってみました（図表４参照）。

07年３月期までは売上高・利益ともに右肩上がりでしたが、行政処分のあった08年３月期からは営業利益が一挙に赤字転落、つまり営業損失になっています。

営業損失になるということは、その時点と同じような営業方法を続けていると、売れば売るほど赤字になるばかりか、過去の利益を食いつぶすことを意味します。すぐにその状況から脱却しないと資金繰りがひっ迫し、やがては倒産の憂き目に遭うことになります。

また、従業員１人当たり売上高は労働生産性を表す指標ですが、07年の１７７０万円をピークに右肩下がりとなり、10年は１０２０万円と大幅に落ち込んでいます。

損益状況だけを見ると07年3月期がピークのように見えますが、資金の動きを一緒に見ていくと実は、その時点ですでに資金的な余裕はまったくなく、相当にひっ迫していたことが分かります。

数年前に倒産した大手英会話学校でも大きな話題になりましたが、エステ業界も契約時に「前受金」を収受するのが慣例となっています。たとえば、全部で15回合計30万円の施

図表4 L社の損益と財務状況の推移

（単位：百万円）

		2006年3月期	07年3月期	08年3月期	09年3月期	10年3月期
損益計算書	売上高	10,342 ↗	17,115 ↘	15,753	3,954	3,047
	営業利益	4,323 ↗	8,509 ↘	▲1,114	▲2,151	388
	経常利益	976 ↗	2,167 ↘	▲777	▲2,176	▲1,150
	当期純利益	413 ↗	1,145 ↘	▲4,219	▲2,991	▲1,250
貸借対照表	①現金預金	2,293 ↘	2,052 ↘	918	106	195
	②売掛債権	704 ↗	1,267 ↘	577	593	366
	③たな卸資産	347 ↗	947 ↘	571	184	109
	④買掛未払債務	1,443 ↗	2,031 ↘	761	372	289
	⑤前受金	2,180 ↗	3,013 ↘	1,690	937	765
	⑥借入金	0	0 ↗	2,100	557	1,335
	純資産額	3,514 ↗	6,544 ↘	2,062	1,066	541
	総資産額	7,984 ↗	12,631 ↘	7,421	3,170	3,071
	増資（資金調達額）	4	2,040	2	2,057	724
	期末店舗数（店）	85 ↗	95 ↘	76	52	52
	店舗従業員数（人）		639 ↗	674	242	261
	全従業員数（人）	613 ↗	965 ↘	904	280	298
	1人当たり売上高	16.9 ↗	17.7 ↘	17.4	14.1	10.2
	運転資金（①+②+③-④-⑤-⑥）	▲279 ↘	▲778 ↘	▲2,485	▲983	▲1,719

赤字になる前年07年3月期に
すでに倒産の予兆が
表れています！

術コースを契約すると、顧客のカード決済で契約時に30万円が前受金として会社に入金されます。施術を受けるたびに売上高に振り替えられるわけですから、施術が全部終了する前に顧客から借金しているようなものです。しかし、経営者には借金しているという感覚はなかったと思います。

何と、07年3月末には、この前受金残高が30億1300万円もあります。一方、現金預金残高は20億5200万円しかありません。**顧客全員から一斉に「もう施術を受けないので解約し、残り分を全部返金してください」と言われたら、差額の10億円は返せない状態でした。**

また、期末日だけの運転資金を計算してみると、7億7800万円の赤字（図表4の最下段参照）となっています。この程度の赤字で済んでいるのは、期中で第三者割当増資をして20億4000万円を資金調達できたからです。もし増資していなかったら28億1800万円もの資金不足に陥っていたはずです。つまり、**売上ピークの07年3月期のこのときに、すでに倒産の予兆が表れていたということです。**

この07年3月期中には、新規店舗取得のための固定資産が10億7600万円増加した（新規出店のために使った）だけでなく、健康食品の通販会社とヘアサロンと美容学校を経営している会社の株式を取得するために26億6300万円も支出しています。合わせて

37億3900万円という、当期純利益の3・3倍ものお金を使ったのです。

企業が急成長するときは本業の運転資金が大量に必要となるのに、前受金の存在に甘えて、強気の営業・店舗展開とM&Aに資金を使ってしまった結果、資金繰りに窮したと言えるでしょう。

創業者であるO社長は08年2月に取締役を退任し、同年6月に自分の持ち株も会社に無償譲渡したのち、会社から完全に去ったようです。

会社が公表する有価証券報告書（上場会社が毎年、金融庁に提出する決算書）を丹念に読むと、いろんなことが見えてきます。この事例は反面教師として役立ててください。

5 ユニクロの急成長を支えた会計の土台づくり

僕がファーストリテイリングの監査役になった経緯

1990年9月に僕は、山口県宇部市で紳士服小売店を営んでいた小郡商事（現ファーストリテイリング）の柳井正社長から、電話をもらいました。拙著『熱闘「株式公開」』

（ダイヤモンド社、1990年3月、絶版）を読んでぜひお会いしたいと思った、ということでした。彼は72年に小郡商事に入社し、創業者である父・柳井等氏の後を継ぎました。

当時は、ユニクロという店名のカジュアルショップを十数店、ほかに紳士服店や婦人服店も営んでいました。ユニクロはまだSPA（製造小売業）にはほど遠い、普通にメーカーから商品を仕入販売する小売店で、商品の品揃え、陳列方法、店舗オペレーションも店舗ごとにばらばらな状態で、標準化はあまり進んでいませんでした。

柳井正著『一勝九敗』（新潮社、2003年11月）に、僕と出会ったときの様子が書かれています。

「会社全般をレビューしてもらったあと、コンサルティングが始まった。本では立派なことを書いているが、こんなひ弱そうな先生で大丈夫かな、と一瞬思う。後日談だが、先生のこのときのぼくに対する印象は『今までにない世界的な企業にしたい、と言われたときに、こんな体育会系の一本調子で大丈夫かな』と思ったそうだ。お相子である」

このときから始まった上場準備作業が、後に急成長したファーストリテイリングの基礎を築くための大きな第一歩となりました。僕は、上場の目処がついた93年11月に監査役に就任し、現在に至っています。

その当時のことは、上場準備コンサルティングを始めてから94年7月に広島証券取引所に上場するところまでを拙著『「ユニクロ」!監査役実録』(ダイヤモンド社、99年5月)に詳しく書きました。多少の重複はあるかもしれませんが、同書に書いていないことも含めて、会計思考の視点からいくつかの出来事に光を当ててみることにします。

真っ白な模造紙に、あるべき姿の組織図を描く

コンサルティングの手始めとして、「組織図をください」とお願いしました。すると、ちゃんとした組織図を作ったことがないということだったので、全般的な経営診断をしたレビュー結果報告とコンサルティング契約のあと、すぐに組織図を作ることにしました。初めに、経営幹部数名にインタビューし、どのような業務を分担しているかを聞き出しました。**組織図を作るには、経営戦略を機能別に分解し、各部門にその機能を割りつけ、細かな業務分掌を別紙に記入しながら、それぞれのミッション(使命・目的)を決めていきます。**

商品を仕入れてきて各店舗に配送する「商品部」、店員・店長を統率して店舗を運営する「営業部(後の店舗運営部)」、会社全体を数字で管理する会計思考の総元締めである「管理部」、出店場所を見つけて契約し店舗を設計・出店する「出店開発部」の4つの部門を中心に配置していきました。これが後に多店舗展開していくための4本部体制を敷く基

礎になりました。

図表5は1990年9月当時のユニクロの組織図です。普通の組織図とはちょっと違います。部門名、職務名（チーム名）の下には業績評価時の対象となる数字と職務の目的を書き、さらにその下に部長やリーダー、担当者の名前を書き入れていきました。

組織図というのは、経営戦略を機能別に解き明かした説明書なのです。この組織図は、現在でも実務で十分使えると思います。

組織図を作る過程で、チラシを作る人をどの部門に入れるのか、新しい店舗を作りオープンするまでの担当者をどの部門にぶらさげるべきか、などいろんな問題が出てきました。どの部長の下に置けば、指揮命令がうまく伝わるかを考えます。もともとすべての人が柳井社長中心に同心円状に並んでいたのですが、少しずつ組織らしくなっていきました。

各業務の目的とミッションを明らかにし、必要な人材をあてはめる

中小企業の組織図を書こうとすると、どうしても俗人的になり、部門の名称を書くよりも人の名前を書いただけの組織図のほうが実態を示し、しっくりくることがあります。当時のユニクロもそうでした。でも**俗人的組織図では、本来は必要な機能なのに担当者がいない、あるいは兼務している、という部署が明確に表現されません。**

図表5 1990年9月当時のユニクロ（旧小郡商事）の組織図

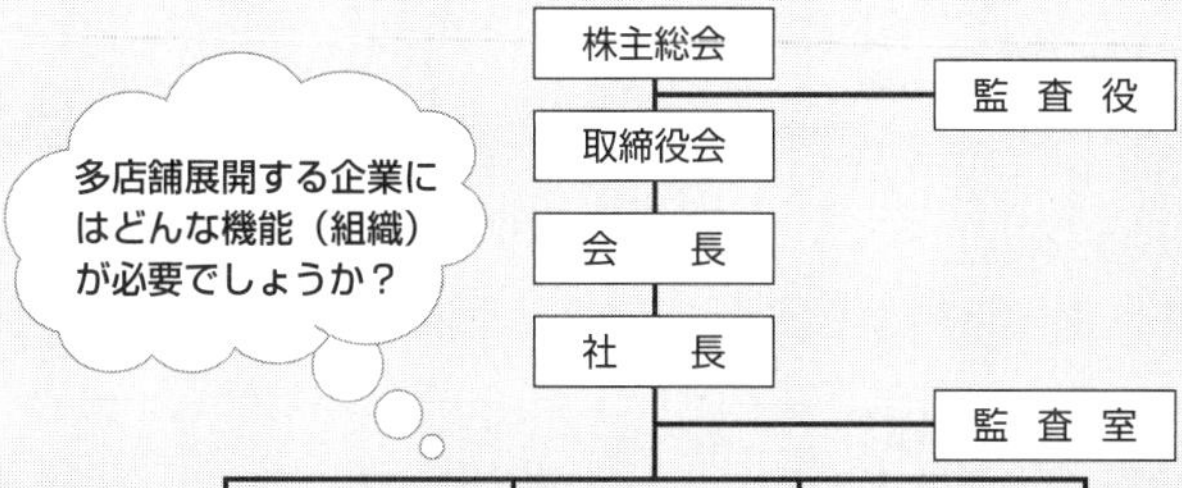

	営業部	商品部	管理部	出店開発部
職務名	①店舗運営 ②販売促進 ③物流センター ④商品ロス対策	①商品仕入 ②商品企画開発 ③商品計画管理	①経理　②財務 ③総務　④人事 ⑤情報システム ⑥計画管理	①出店開発 ②店舗設計 ③店舗管理
評価対象数字	①売上高 ②集客数 ③人時生産性 ④商品ロス率	①粗利 ②開発商品数 ③計画の正確さ	①正確さ ②資本コスト ③処理スピード ④人材育成数 ⑤システム化数 ⑥計画の正確さ	①出店数 ②店舗コスト ③処理スピード
職務の目的	①売上達成できる売場の維持管理 ②売上達成のための販売促進 ③売場作業の集中実行による良・楽・安・早化 ④ロスの撲滅	①商品計画通りの商品構成の維持 ②競争力ある差別化できる商品開発 ③実行に直結する数字の提供	①取引記帳の信頼性 ②資本・資産の活性化 ③会社運営の円滑化 ④公正な人事・教育 ⑤全社業務の標準化 ⑥実行に直結する数字の提供	①儲かる店の出店 ②ローコストで売れる・買える店作り ③顧客にとって快適な店舗環境の維持

組織図とは、経営戦略を機能別に解き明かした説明書です!!

この部は何をする部署、この課は何をすべきところ、しかし、現在は担当者が不在なので部門名だけを書いておく、あるいは別の部門のA課長が兼務している、というのが明確に分かるようにする必要があります。各業務の目的とミッションを明らかにしながら、組織図を作ります。担当者が空欄、あるいは兼務の状態が長く続くと、本来は必要不可欠なのに実施されない業務が存在することを示しますし、「業務の重複」「手続きの抜け」「誤謬＝間違い」の原因になったり、「不正」の温床になったりします。

たとえば管理部門は、経理、財務、総務、労務、人事、給与、教育、秘書、広報、情報システム、庶務などの各業務（仕事）を総括します。会社が徐々に大きくなっていく過程では、内部監査や法務、税務、購買管理などの部署が必要になり、株式上場を検討するようになればＩＲ（投資家向け広報）、ＣＳＲ（社会的責任）などの業務をする部署も必要になってきます。**管理部は現業部門（ライン部門）の行動を会計数字で計測し管理し、促したり規制したりする部門であり、会社全体の会計思考の総元締めなのです。**

当時のユニクロには、管理部門に人材が2〜3人しかいなかったので、商品部や店舗運営部は担当業務ごとに人名を書き込んでいけたものの、管理部門には空欄ばかりが目立ちました。顧問税理士の先生には、税務申告だけでなく月次決算や本決算を依頼していたので、経理や財務の専任の担当者がまったくいませんでした。現在からは考えられないことですが、中小企業にはありがちなケースです。

インタビューした幹部のなかにCFO（財務担当責任者）に最適な人（広証上場時の専務取締役）はいましたが、肝心の経理マンが1人もいなかったので、柳井社長に依頼して、なるべく早く経理・財務の担当者を中途採用してもらうことにしました。これは経理と財務の重要性を柳井社長が理解してくれたことにより、すぐに実施してもらえました。

一般的に「経理」は会社全体の会計の取りまとめ、帳簿記入、決算作業を行ない、「財務」は現金・預金・手形などの現物を扱い、銀行借入れなどの資金繰りを担当します。**経理と財務は同じ人がやってはいけない業務の代表格です。同じ人が行なうと不正や間違いが起きやすいので、内部牽制上、別の担当者が必要なのです。**

たとえば、売掛金の回収担当者と帳簿記入担当者と預金担当者が、同じ人だったらどうでしょう。今、売掛金10万円を得意先から現金で回収してきたとします。8万円しか回収しなかったことにして8万円を帳簿上入金処理し、それを預金し、残りの2万円を横領する、なんてことが可能です。ここでは各担当者を分け、相互チェックする体制を整備・運用していれば、このような不正は防げます。

実は、こういう不正ができないような組織にしておくのは経営者の責任なのです。適正な人員配置とチェック機能を持った諸手続きの制度こそ、不正や間違いを予防・発見するための基礎なのです。難しい言葉で言うと内部統制制度ですが、これが会計思考を支える土台とも言えます。

標準店舗の規模と1店舗当たりの標準損益構造を決める

次は、ユニクロの標準店の規模と損益構造のモデルを決めました。

当時はショッピングセンター内にも店舗があったり、他業種の店舗が撤退したあとにそのまま入居した店舗などがあり形態がバラバラでしたが、地方都市の主要幹線道路沿い（ロードサイド）の500坪の敷地に、売場面積150坪の倉庫形式の建物を標準店舗として決め、今後出店するときはできるだけこのパターンに統一しました。**建物を施工する場合も、陳列方法や販売管理などのオペレーションも、標準様式を作っておけば相当に効率化し、店舗運営もローコストになります。**

衣料品は、秋冬商品のほうが春夏商品よりも単価が高いので12月の売上高が一番高くなりますが、月々の平均売上高を2000万円から2500万円として、年間3億円程度の売上を目標としました。そこで重要なのは1店舗当たりの損益構造です。

目指す年間の店舗の損益構造を図表6のように決め、あらゆるものの目標設定の根拠にしました。当初の売値（上代《じょうだい》と言います）は120（当初の原価率は50％）だとして、全

図表6 ユニクロ標準店の損益構造を決める

◆ユニクロ標準店を決める

主要幹線道路沿い（ロードサイド）
敷地面積＝500坪
売場面積＝150坪
ローコストの倉庫形式の店舗

年間売上高
1店舗
3億円程度

◆ユニクロ標準店の1店舗当たり損益構造（目標）を決める

	当初	値引き	値引後損益
売上高	120	▲20	100 %
売上原価	60		60
粗利	60		40
販売費・管理費			30
営業利益			10

注：販売費・管理費のなかには本部経費の配賦額も含まれる。

商品平均で仮に最悪20（当初上代の17％）の値引をしたとしても、この図のようになります。

商品によっては50％の値引をしないと売れないものもあるでしょうが、まったく値引をしなくても売れる商品もあるので、仕入れる商品の品質・デザインなどが良くなってくれば、営業利益率はこれより上がる可能性があります。のちに、徐々に自主企画商品（PB）を増やしていったため、利益率は向上していくことになります。

事実、3年後の93年8月末には直営83店、FC7店、合計90店になっていて、売上高250億円（100％）、売上原価154億円（62％）、売上総利益97億円（38％）、販売費及び一般管理費75億円（30％）、営業利益22億円（8％）と、この損益構造にきわめて近くなりました。

全社員にかなりの実務面の苦労が伴いましたが、この損益構造に基づいた翌年の94年7月には、広島証券取引所に上場できました。**会計思考の中心をなす、きちんとした標準と目標設定がいかに大切かを教えてくれる格好の事例と言えるでしょう。**

月次で迅速に予実差をつかみ、すぐに手を打つ

月次決算をいかに正確にスピーディに作成できるか、予算と実績を比較分析し、経営課

題を発見すると同時にいかに早く手を打てるかが、上場できる会社の要件の1つだと考えます。たとえ上場を目指さなくても、強くて良い会社の条件と言ってもよいと思います（大事なことなので、第2章でも詳しく述べます）。

当時のユニクロはこれとはほど遠く、月次決算は本決算も含め、顧問税理士にすべて作成してもらっていて、月次決算書は毎月翌月の20日過ぎに受け取っていました。翌月末近くになることもありました。それではいけません。

とにかく社内で正確・迅速に仕上げて、月次の予算と比較して、勘定科目ごとに大きな差異があれば原因を調べ、できるだけ早く何らかの手を打たなくては月次決算の意味がありません。

当時のユニクロは、仕入れた商品を現金小売するという単純な構造なので、得意先への請求書の遅れなどで月次の締めが遅れるということもなく、仕入先からの請求書が遅れているのを早めてもらうとか、社員の残業代計算の遅れについて給料日自体を変更することなどで乗り切ったりした程度で、迅速化は早めにできるようになりました。もっとも、経理マンを採用してから、経理を自社内で完結する（自計化と呼びます）まで数ヵ月かかりましたが…。

将来の成功要因とリスクを洗い出し、成長目標を設定する

上場準備の最初の段階で、「ユニクロを将来にわたって成功させるための要因は何でしょうか？　その陰にひそむリスクは何ですか？」という問いを柳井さんに投げかけました。その答えに基づいて、各部門担当者に「ここをこうすればユニクロは成功する」といったような成功要因の植え付けと検討・実施・徹底をお願いしました。

そのときに指示したポイントは、**商品の絞り込み**、分かりやすいプライスラインの設定、**仕入ルートの短縮化**、**自社企画商品**、**完全買い取りの実施**、商圏と出店場所を決める、接客業務の短縮化、販売オペレーションの標準化、チラシと広告宣伝効果、売上と経費の標準化でした。もちろん、時間のかかる地道な仕事ばかりなので根気がいります。

当時のユニクロは他社の商品を買い取って販売していましたが、これらの成功要因のなかの太字にした部分にＳＰＡ（製造小売業）の萌芽が見られます。

商品品種を絞り込んで、自社企画商品を作り、返品せず完全買い取りしていく決意は、裏返せば相当なリスクを伴うものです。まったく1枚も売れないかもしれないし、在庫コストもかかります。今となっては柳井さんの先見の明と言えるでしょうが、当時は経営に対する相当な「覚悟」と「リスクに賭ける胆力」といったものを感じました。

第2章

「月次決算」の迅速化と予算管理の徹底が強い会社の基本！

1 なぜ予算や計画を立てなくてはならないか

予算は将来に向けた「意志」であり、行動するための「仮説」でもある

経営者は常に孤独です。いろんな不安と戦っています。

もし商品がまったく売れなかったらどうしよう、代金が回収されなかったら…と毎日のように悩みます。悩んでばかりいても仕方ないので、頭のなかで筋道を立ててあれこれシミュレーションしてみます。囲碁や将棋、相撲や野球、サッカーやラグビーなど、どんな競技でもやっているように、事前に敵の出方、つまり戦術を自分の調子と照らし合わせながら考えます。そのシミュレーションを具体化したものが経営計画です。

経営計画には2つの意味があります。将来に向けた経営者の「絶対にこれだけは売ってやる、という意志」と、行動のための「このような方策で売ればきっと売れる、という仮説」です。**行動して結果を出さなければならない経営者にとって、経営計画立案＝事前準備は他人任せにできない最重要な仕事の1つなのです。**

| 図表7 | 夢から逆算して今何をすべきか?

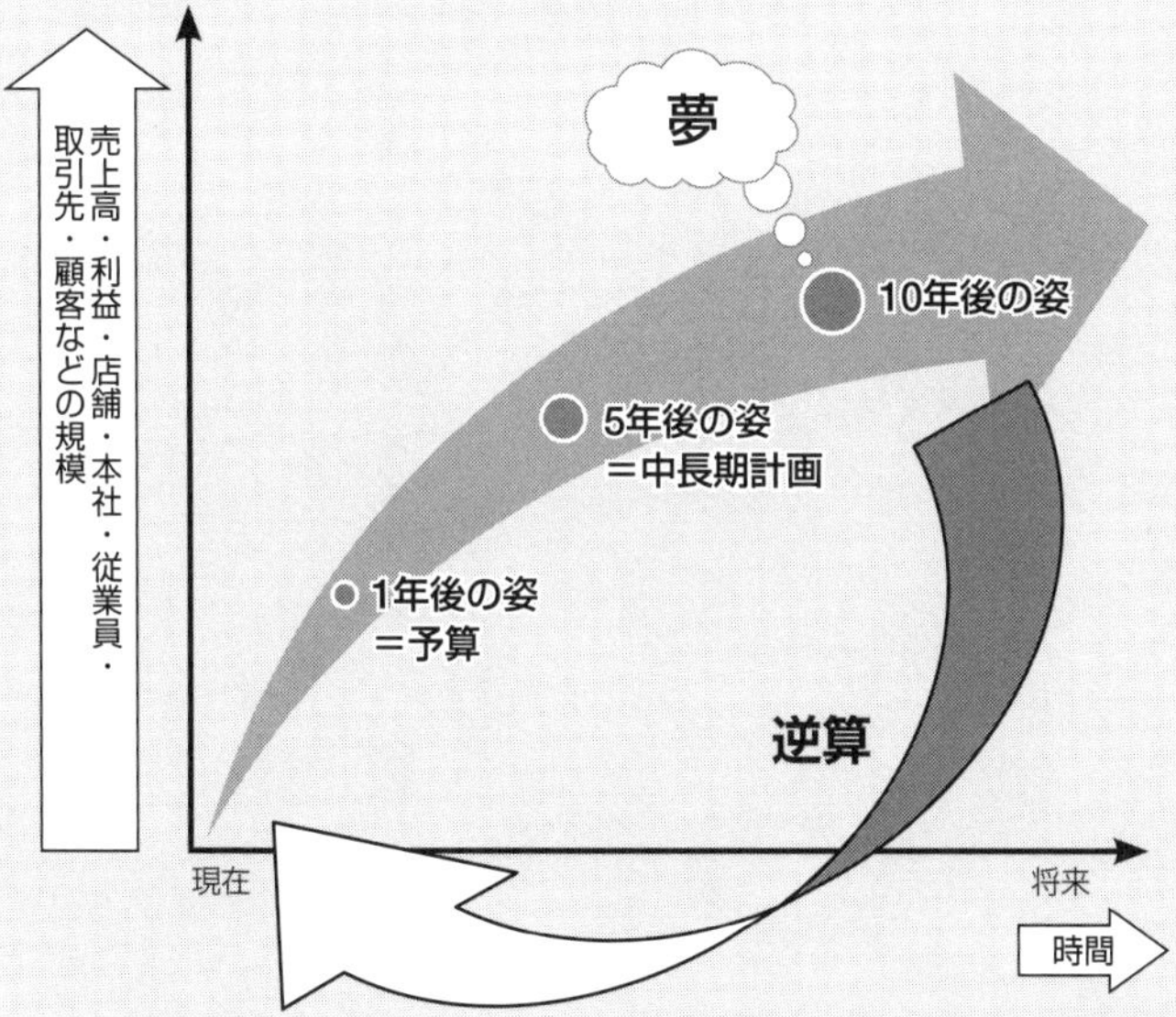

5年後、10年後の姿を思い描き、そこから逆算して、現時点で何をしていなければいけないか？を考えて、実行する。

また、経営者には誰しも思い描く夢があるはずです。

5年後、10年後にこんな会社にしたい、という夢です。コーポレートストーリーとかビッグピクチャーなどとも呼ばれます。**そういう5年後、10年後の姿にするためには、3年後、1年後、そして今日、現時点でどんなことをしていなければならないか、経営計画はそれを「逆算」して作るべきものとも言えます。**

5年間程度の経営計画を長期経営計画と言い、3年間のものが中期経営計画、1年間のものを短期経営計画、または「予算」と呼びます。

予算は「未来予想図」と言い換えることができますが、それを頼りに経営のかじ取りをすると、どんなことも1度は頭で思い描いているので、途中で危機がきても落ち着いて対処できます。予算を作る行為そのものが、危機や多くのリスクへの対処法を含めた未来の経営のすべてを思い描くことなのです。

予算を作らずに無鉄砲に仕事をしても、どの程度仕事をすればよいのか、いったいこの程度で満足してもいいのか、どの程度不足なのかなど、比べるべきモノサシや目標がないと判断のしようがありません。そのモノサシが「予算」です。

あなたの会社に合った月次予算をどう作るか

具体的には、まず来年度1年間の予算を作ります。3月決算会社であれば、1月中旬くらいから準備して2ヵ月間かけて作り、4月1日からスタートです。大規模な会社になればなるほど全社ベースの調整に時間がかかるので、前年の年末から準備に入ります。

最初からある程度良い業績と言える会計（決算）になることを想定して、「こんな1年間の売上高にしたい」という目標売上高を決めます。この売上高を達成するためにはこのくらいの原価と経費をかければよい、そうすればこの程度の営業利益が稼げる…という具合に組み立てていきます。事業の種類や拠点数が多い場合には、それぞれの責任者である拠点長や部門長が責任を持って、経営者と目標数字を握りながら予算を立てます。

予算を立てるルートには、トップダウン型とボトムアップ型の2つがあります。

トップダウン型は、この程度の売上高・利益を出してほしいと経営者が命じた目標売上高・目標営業利益をベースにして予算作りがスタートします。

ボトムアップ型は各事業部門の責任者の意志、この程度の売上高・利益はなんとかやれそうだ、というラインからスタートします。

多くの場合、前者は大きな成長を目指すための数字になる傾向にありますが、文字どおり「上からの押しつけ」にならないようにすべきです。後者は「下からの積み上げ」のため、**ほとんど成長しない保守的な低い数字になりがちです。**

中小企業やオーナー企業はトップダウン型ですが、強くて成長する中堅企業・大企業は時間をかけてトップダウン型とボトムアップ型の両者を調整したあとに、経営者と部門責任者とのコミットメント（約束数字）が形成されます。

「前年比〇〇％増」の前例踏襲目標は今すぐ捨て去ろう

経営計画を立てるということは、単純にすぐそこにある未来の姿を思い描くことなのですが、過去数字、たとえば「売上高は前年比10％増」などといった具合に立てることもよく行なわれています。

しかし、これからどうするかの実行指針を決めるのに、過去の数字はあくまで参考資料であり、多くを頼ってはいけません。過去の数字にとらわれすぎると失敗することが多いのは、多くのビジネスマンや経営者が経験していることだと思います。

毎年10％ずつ3年間成長できたので、翌年も10％増の計画を立てて失敗し、3年前の数字に戻ってしまった会社。デフレの影響で前年より5％ダウンする計画を立てていたが、期中でセールスミックス（売上品目構成）が大幅に変わり、死に筋商品が大化けして売れたのは良かったが、商品調達が間に合わず、大きな機会損失（得ていたであろう利益が、販売機会を失ったために得られなかった仮の損失）を出してしまった会社など、失敗例には事欠きません。計画を立てるには「過去数字」を捨て去って、ゼロから考えるべきです。

月次予算書は目標レベルの異なるものを2つ以上作る

予算や経営計画は普通、1つしか立てないと思われがちですが、2つ、あるいは3つ立てる会社もあります。

社員たちにハッパをかける意味と次の成長ステージにブレークスルーするための「大きな目標値」としての計画が1つめ。最低でもこの程度の売上高は確保する必要があるだろうという「最低ライン」の計画が2つめ。その2つの真ん中のライン、すなわち「落ち着きどころ」の計画の3つです。**3つも存在すると途中でわけが分からなくなるので、年度のスタート段階で参考値程度に作っておくのがお勧めです。**

2つの場合は、各部門の現場責任者と、コミットメント（約束）として握った数字の積み上げ計画と大きめなチャレンジ数字の計画を立てます。上場会社はこのように2つ立てて、前者の数字、つまり、より保守的な数字を来期の業績予想として決算短信に記載するケースが案外多いと思います。決算短信に記載するということは、対外発表して社外の利害関係者に「来期はこの目標を必達しますよ」と宣言するわけなので責任重大です。

2 予算管理で会社の問題点を「見える化」する

月次決算で「計画＝予算」と「実行の足跡＝実績」を常に比較する

予算と実績（月次決算）を部門ごと、勘定科目ごとに毎月比較し、その差異を算出し、**予算比で±５％以上（会社によっては±３％以上というケースもあります）差異のあるものについて「どのような理由で差異が発生したのか」を分析します。**そして、その結果からすぐにどのような手を打つべきかを考え、実行します。予算比で±10％以上実績値に変動がある場合は、発生が月ズレしたのでなければ、事業や前提条件そのものに根本的な問題があると考えるべきです。

もっとも、予算管理を始めたばかりの頃だと、予算自体の計上方法が稚拙で、非常に大ざっぱな概算額であったり、見積り誤りであることがよくあります。予算作りの精度が上がってくるまでは、予算・実績の差異（予実差）の大半は予算の計上ミスかもしれません。

予算管理の要点は「このまま原価や経費をかけても売上は上がらず大赤字になりそう

図表8 予算と実績を常に比較する

○○年○月　月次損益予算実績比較表

科　目	当月 予算（万円）	当月 実績（万円）	当月 予算比（%）	当月 実績売上比（%）	当月 前年同月比（%）	累計 予算（万円）	累計 実績（万円）	累計 予算比（%）
売上高	10,000	10,160	102	100.0	108.5	32,000	32,801	102.5
A事業	6,000	6,180	103	100.0	109.9	19,000	19,760	104.0
B事業	3,000	3,060	102	100.0	101.2	9,570	9,542	99.7
C事業	1,000	920	92	100.0	110.0	3,430	3,499	102.0
売上総利益	2,500	2,510	100	24.7	108.6	7,960	8,195	103.0
A事業	1,560	1,620	104	26.2	109.6	5,020	5,231	104.2
B事業	650	670	103	21.9	99.6	2,120	2,114	99.7
C事業	290	220	76	23.9	109.7	820	850	103.7
販売費管理費	2,000	2,045	102	20.1	100.8	6,000	6,020	100.3
社員人件費	480	495	103	4.9	103.5	1,430	1,432	100.1
アルバイト人件費	420	455	108	4.5	106.7	1,260	1,305	103.6
販手・販促・広告費	350	320	91	3.1	86.0	1,050	1,008	96.0
地代家賃	450	450	100	4.4	98.5	1,350	1,352	100.1
リース料・償却費	100	102	102	1.0	94.3	300	305	101.7
その他	200	223	112	2.2	120.0	610	618	101.3
営業利益	500	465	93	4.6	162.6	1,960	2,175	111.0
営業外収益	0	26	-	0.2	130.0	0	42	-
営業外費用	0	55	-	0.5	127.9	0	73	-
経常利益	500	436	87	4.3	165.7	1,960	2,144	109.4

	予算実績差異分析コメント	対応策
売上高	A事業、B事業は予算比102%、103%だったが、C事業は○○のため予算より8%未達だった。	C事業は、○○地区を販売重点地域と定め、今月から○○を実施することとした。
アルバイト人件費	A事業について、社員人件費は残業増加、アルバイト人件費はシフト調整がうまくいかず、ともに予算超過した。	A事業について標準作業を再度見直し、社員の残業を減らす。アルバイトのシフト調整を精緻化するべく調整表を改善する。
販売促進費・広告宣伝費	販促費は○○について月ズレ発生。広告宣伝費はチラシを再考しているため来月以降にズレた。	チラシをブランド力アップの一助とするため、抜本的に見直す。

だ」と判断したら、ただちに該当する事業を中断し、別の対策をとることです。事業中止や根本的に売り方を変えられないようなら、予算より相当ダウンしそうな売上高に合わせた人件費・経費の徹底した削減方法を大至急考えて、実行します。

逆に「売れ筋商品が欠品していて機会損失が出ている」と判断したら、追加発注するか代替商品を仕入れます。その「大赤字になりそう」とか「機会損失が出そう」と判断し対策を立てるのが、予算管理の肝なのです。

たとえば、売上高、売上総利益、売上高総利益率（粗《あら》利《り》率《りつ》）の実績値が予算や前期実績よりも低かったら、次のような手を打ち、試行錯誤します。

a. **売れ筋商品やその関連商品（ついで買い商品を含む）の仕入れを増やす。**
b. **死に筋商品の仕入れをやめると同時に、在庫品を値引してただちに売り切る。**
c. **営業方法を変える**…直接営業から代理店方式へ根本的に切り替える。
d. **取扱商品を増やす**…扱う専門商材を絞り込み（集中し）、それとは別に回転率が悪くても利益率の高い商品を仕入れる。
e. **品切れ率を減らす**…よく売れる商品の仕入方法（製造方法・リードタイム・決済方法）を見直す。

f．**仕入ルートを変える**…卸を通さず直接メーカーから、あるいは別ルートから仕入れる。

g．**円高による為替差益の還元を仕入先に要求する**…輸入原料を使用していると思われる仕入先メーカーと商品の単価低減（コストダウン）交渉をする。

打ち手同士が矛盾することもありますが、何が成功するかはやってみなくては分かりません。まずはトライしてみてください。

もう一歩進めてアラートシステムを組み込む

実はこの予算管理は、予算を作って管理する部門だけが行ない、毎月の役員会で報告すれば完結するというものではありません。**経営上大きな問題が発生しそうなときにすぐに警報を出す仕組み、つまり「アラートシステム」を組み込み、関係するすべての部門にただちに働きかけられるようにしなければ意味がないのです。**

工場でよく行なわれていますが、不良品が出たときにすぐに「ラインが止まる」「ランプが点滅する」「ブザーが鳴る」などの危機を知らせるための経営管理の仕組みを作ることです。

その「不良品が出た」と判断するのが予算管理部門です。**判断基準（アラート基準）は、たとえば月次で±5％以上計画と異なっていたら、すぐに原因を分析し、対策を検討し実行します。それもできるだけ早く警報を発するために、月末近くなったら実績を予測できるようにすべきです。**

売上高だけでなく、仕入高、粗利、貢献利益や在庫高なども重要な管理ポイントです。このような会計数字だけでなく、受注数、歩留り率、顧客からのクレーム数などの非会計数字の把握も非常に重要です。これらの数字の計画値（目標値）を立てておいて、実績値と毎日比べて変化をつかみ、実績が計画値を超え異常値を示したときに関連部門にすぐにアラートを発信し、対策を立てるきっかけとするのです。

ビジネスの基本に「ＰＤＣＡサイクル」を回す、という考え方があります。

何度も言いますが、これは経営のどの階層にとってもきわめて重要なことで、経営トップでもミドル階層でも現場（フロント、ローワー階層）でも、各々１人ひとりが仕事をするときに重視すべきことです。経験的に言っても、これがうまく回転している会社ほど明らかに高成長・高効率です。おそらく時間の進み方も相当に早いことでしょう。

予算作成はこのうちの「Ｐ＝ＰＬＡＮ」に該当し、実践「Ｄ＝ＤＯ」（実践結果が月次決算の数値）後の予算管理は、「Ｃ＝ＣＨＥＣＫ」と「Ａ＝ＡＣＴＩＯＮ」に該当します。

月次決算書は「翌月5日まで」がタイムリミット!

月次決算書が出来上がるまでにどのくらい時間がかかるか。これは一般的には経理部門の能力と全社各部門の経理への協力度合いに正比例します。業種の差（見積り計算や在庫評価の有無）や規模（連結子会社・関連会社の数）にもよるので一概には言えませんが、**月末締めの会社であれば翌月5営業日までに出来上がっていなければいけません。**

月次決算書は予算管理の土台ですから、実績が出来上がってから各部門別の予算と比較し、大きく差異の出た部署は内容の分析をしたうえですぐにでも手を打たなくてはならないので、早ければ早いほどよいのです。死に至るほどの病気なら、治療開始が遅れれば遅れるほど、手遅れになる可能性は高くなります。仮に業績が良かったとしても、早くそれが分かっていればもっと良かったかもしれない（たとえば欠品が生じていたなど）のに、手を打つのが遅れ機会損失となるケースもあります。

しかし、迅速性を尊重するあまり、正確性を犠牲にしてはいけません。正確に月次決算することを考えつつ作成時間を減らしていくのは実は大変な作業です。

それにしても、「翌月15日にできます」とか、「翌月20日過ぎにならないとできません」、あるいは「決算をすべて顧問税理士に任せているので、月次決算書は翌月末近くなってやっと顧問からもらえます」などという会社は、月次決算と予算管理の重要性をもう1度考え直してほしいと思います。

ユニクロも今から20年以上前はそんな調子で、できるのが非常に遅かったです。やる気にさえなれば、どんな会社でも早くできるようになります。

3 のろのろ月次決算を最速決算に変える社内大作戦

月末締めなのになぜ3週間もズレ込むのか？

それでは月末締めの月次決算が翌月5日までに締められずに、なぜそんなに遅くなってしまうのでしょうか。

最初のうちは経理部門ばかりがやり玉にあがって、「経理部門の能力が低いから」とか「人数が少ないから」ということになりますが、**遅くなる真の要因を突き止めていくと、まさにそれはさまざまで、次のように経理担当以外が主因の場合が多いのです。**

a．営業担当の請求書作成作業が遅れ、月末締めの請求書が翌月5日過ぎの発送になってしまい、それから経理に当月の売上高の連絡がくる。

b. 月末までに製品を客に出荷済み、あるいはサービス（修理や配線工事など）提供済みだが、契約金額が決まったのが翌月初めなので、請求書を出すのも遅れた。

c. 仕入先からくる月末締めの請求書が、翌月1週間から10日過ぎにならないと到着しない。そこから納品書と突き合わせるので時間がかかる。

d. 外注管理課のチェックを経て上がってくる外注先からの請求書が、いつも翌月8日を過ぎてしまう。

e. ちゃんと契約をする前に外注先に工事を発注し、月末までに完成していて売上は計上されているのに、外注費の金額が確定していない。

f. 毎月末に在庫のチェックをして商品ごとに詳細に評価減しているが、その処理が終わるのが翌月10日を過ぎてしまう。

g. 毎月のアルバイト給与計算と残業代の締めが遅れ、経理に連絡がくるのが翌月6日頃だ。

全部門を巻き込み、筋肉質のアスリート部門に変える

これらの事例を見る限り、経理部門だけの努力では絶対に早く絞められないのはお分か

りいただけるでしょう。経理担当の力の弱い（声の小さな）会社ならなおさらです。改善するには、会社全体すべての関連部署の協力が必要なのです。

ａとｂのケースは明らかに、普段の営業担当の仕事が標準化されていないことに起因しています。作業標準を作って、それを徹底すれば間違いなく請求書作成業務は早くなります。

ｃとｄのケースでは、仕入先や外注先の怠慢で請求が遅くなっているのであれば「翌月3日までに請求書がこなければ、その仕入先・外注先への支払いは翌月に回す」と全仕入先・外注先に通達するだけで早くなるはずです。また、社内の担当者の怠慢で仕入単価やｅのように外注費が決まっていないために遅れるケースは、仕入担当・外注担当の作業標準を作って業務改善すればよいのです。**仕入先・外注先とは当社の仲間として共に成長すべきであり、決して優越的な地位を乱用してはいけません。**

ｆのケースは、決算期末だけは正確に慎重に在庫評価すべき（時間がかかっても正確性をとる）ですが、普段の月は概算計上してもそれほど影響がないようであれば、迅速性を優先すべきです。

ｇのケースは、業務改善してどの程度まで時間短縮できるかがキーですが、翌月3日までにできないようなら、計算締め日を前月末から前月20日とか25日に変更して対処すべきです。

いずれにしても**経営者自らが音頭をとって、月次決算を迅速化するにはどうすればよいか部署ごとに検討して、それぞれ期限を決めて対策をとるべきです。その際に「できません」は禁句で、「どうしたらできるようになるか」を具体的に検討すれば、必ずできるようになります。**

これを機に会社の全部門を巻き込んで、予算管理体制を整備・運用し、すべての部署をアスリート体質の部門に変える良いチャンスだと思います。

また、月次決算が早まれば、本決算も必ず迅速化します。

本決算は月次決算の積み上げですし、本決算だけに特殊なのは引当金計算、税金計算、在庫評価、減損など。上場会社では連結決算、株主総会関係実務、有価証券報告書作成業務、内部統制報告書対応が加わるので時間がかかりますが、そうでなければそれほど追加作業は多くありません。決算の迅速化を通じて、強い会社に変えていきましょう。

月次決算が軌道に乗ったら、最終目標は「日次決算」へ！

毎月、予算と実績数値を比較分析するのが通常の予算管理ですが、毎日売上が上がるような業種では、1ヵ月に1度ではなく、1週間単位にまでブレークダウンして週次決算と予算管理をやれば、打つ手が早くよく効くようになります。

さらにもっと進んで「日次決算」を行なっている企業もあります。

予算管理は月次ベースで行なうものの、日々の実績が把握できる売上高・売上原価・諸経費と、それ以外の次のような固定費の月発生額を日数で割り算した概算額を使って日次決算を行なっています。減価償却費、賃借料や管理部門の人件費・経費などの固定費は月に1度しか計上されないため、それらの毎日の発生額は概算額で計上します。

日次決算を導入すると、1件ごとの売上取引について短いサイクルで管理・監督できるようになります。何よりも現場担当者の意識が変わり、赤字受注を避けることもできます。

日次決算の代表格は、ハマキョウレックス（東証1部上場）です。成熟市場の物流・運送業界で、2011年3月期までの過去5年間で毎年平均5％社員を増やす一方、1人当たり経常利益は約13％増と高い効率性を実現しています。

同社の大須賀正孝会長が生み出した「収支日計表」は、いくつかの雑誌などに取り上げられて有名になりました。

物流センターや営業所の拠点ごとに毎日、簡単な損益計算書を作り、赤字か黒字かをチェックしているそうです。これだと売上欲しさに無理な赤字案件を引き受けることがなくなり、経費のどこにムダがあるのか見えやすくなります。人件費だけでなく、保険料、減価償却費なども日割りで計算しているようです。04年に買収した近物レックス（旧近鉄物流）のある拠点では、従業員1人ひとりが1日1000円の収支改善を目指す取り組みで、月間180万円のムダ削減に成功したそうです（「日経ヴェリタス」11年10月23日号）。

日次決算はすべての会社にとって必ず効果があるというわけではないので、最終目標とまではいきませんが、多くの企業にとって非常に参考になると思います。

4 管理部門にこそ優秀な人材を張り付ける

生産性をつかさどるのは、実は管理部門

統計を取ったわけではないので不正確ですが、経験的に言って会社の社長は技術畑か営業・現業畑の人が多いものです。歴代サラリーマン社長が長く続いている上場会社は別にすると、管理畑出身の社長は非常に少ないと思います。

技術・営業・現業畑出身の社長は、自分の出身畑の人材を大切に扱い、概して管理部門を大事にしない傾向にあるようです。「管理部門の人間は、売上・利益を上げるわけでは

ないので最小限の人数で足りる」と断言する社長がいるのも、そのためかもしれません。

でも、過去の偉大な名経営者のそばには、必ず管理部門を統括する経営参謀がいました。先述した松下幸之助さんには高橋荒太郎さん、本田宗一郎さんには藤沢武夫さん、のようにです。どのような組織にもリーダー役とマネージャー役が必要なのと同じように、そのコンビは会社にもなくてはならないのです。

「管理はカネを生まないが、カネがかかる」と考える社長がいたら、明らかに経営者失格です。経営のかじ取りの「かじ」や羅針盤、あるいは業績等の生産性を測る役目をするのが管理部門なので、たとえば「正確・迅速な月次決算と本決算」は経営にとって最も重要な仕事の1つと言えます。

経営の実績数字を見ながら、常にどういう戦術をとっていくべきかを考える部署である管理部門こそ、「経営の本質」を見抜くことができる部署であると同時に、販売、生産、購買などの現場をよく知る会計思考できる人材を張りつけるべきだと思います。

どんなに優秀な経営者でも、常に最適な判断や意思決定をしているわけではありません。経営者も感情のある人間ですから、体調や機嫌が悪かったり、気分が落ち込むときがあります。そんなときこそ「異見」を言える経営参謀が必要なのです。

最近、管理部門のトップはＣＦＯ（財務担当責任者）と称されることが多くなり、単なる金庫番ではなく、経営者の経営参謀となるべき人というイメージが一般化されてきました。管理部門は会社全体の司令塔と認知されるようになってきたとも言えます。

会社の成長に合わせて管理部門の人材をどう増やすか

会社は成長するにつれて規模が拡大し、社員数が増えます。では、1つの事業でどの程度の規模が最適なのでしょうか。

業種や業態によっても違うでしょうが、1人から始めた事業が5人、10人、30人、50人、100人、300人と増えていくたびに必ず**成長の壁**にぶち当たり、いろんな経営課題を抱えます。全社員とのコミュニケーションの取り方も変化していかざるをえません。リーダーや各社員の能力によっても最適規模は左右されます。

「組織バス1台説」（バスに乗れる人員50～60人程度が最適）という実感から生まれた説もありますが、普遍性はないかもしれません。

景気、天気、消費者の趣味・嗜好、原材料の需給状況など企業環境は常に変化するので一概には言えませんし、最適規模だと思った瞬間に、在庫が増えすぎたとか、逆に仕入れが少なすぎたとか、労働生産性が落ちたなど、どこかで経営のバランスが崩れているでしょうから、社員数から見た最適規模など存在しないのかもしれません。

そのことと同じように、全従業員に占める管理部門の人数比はどのくらいが適切か、という疑問に回答するのは難しいです。ただし、たとえば全社員20人という小規模会社でも、経理・財務・給与の担当者2〜3人は必ず必要ですから、少人数ほどその比率は高いと思います。

結局、**問題なのは単なる管理部門の人数比率ではなくて、その人たちにどのような仕事をやってもらうかです。経営者や営業・技術・現業部門をサポートするのに必要不可欠な仕事を、どのように組み立てて実行するかがキーポイントなのです。**

顧客への請求書発送業務を経理担当がやるのか営業担当がやるのか、仕入先からの請求書チェックと支払業務を財務担当がやるのか購買担当がやるのか等々、日々守備範囲の問題が起きています。どちらの部門で行なうのが効率的で正確にでき、おまけに内部牽制(間違いや不正の予防・発見)にも役立つかを冷静に比較して考えれば、自ずと結論は出ます。どの部門の人たちも一緒に会社を成長させたいと考えているのであれば、必ず最適な解答はそこにあります。

また、創業期や成長期の企業では、全従業員に占める管理部門の人数比はあまり高くないと思いますが、事業基盤が確立し成熟してくるとその比率が高くなる傾向にあります。

管理部門が現場からどんどん遠ざかって独自に「偉く」なっていき、最後は、現場をサポートするのではなく指図するだけの頭でっかち部門に成り下がって、気が付くと肥大化していた、などという大企業の話はよく聞きます。まさに大企業病です。こういう場合には、管理部門と現場組織にいる人を大幅に入れ替えるような改革をすべきです。

管理部門を安易にリストラの対象にしない

企業の業績が悪くなって、しばらく回復しないような見通しとなると、抜本的にコストダウンします。経費削減や外注・仕入先の一本化と並んで、人員整理＝リストラを行なうのが一般的です。従業員の希望退職を募るか、解雇します。経営者としては身を切られるようにつらい判断だと思いますが、実施しないと倒産を免れないとなれば仕方のない結論です。

仮にリストラする場合には、全部門、全従業員を対象に行なうことになるでしょうが、売上に寄与していない部門ということでまず管理部門が対象になることがよくあります。よほど管理部門が肥大化していたら話はまったく別ですが、現業部門をまず先にリストラすべきでしょう。

通常、リストラ計画を立て、実行する中心にいるのが管理部門です。計画どおりのリストラが済んだあとに対象になることはあるかもしれませんが、**管理部門は安易に最初から**

リストラ対象にすべきではないと思います。管理部門は経営にとってそれだけ重要な部門であり、再生会社の再生計画の中心にいるのもこの部門なのです。ついでに言うと、リストラを人員整理ではなく、組織再構築という本来の意味で使いたいものです。

5 「実地たな卸」が決算能力を左右する

「実地たな卸」がなぜ重要なのか

「月次決算のスピード」と並んで会社の決算処理能力を判定する指標が、「実地たな卸と帳簿在庫との差異金額がどの程度出ているか」、略して**「実たな差異比率」**です。

通常、半期末と決算期末の年2回行なわれる実地たな卸は、決算の重要な手続きの1つです。商品、製品、半製品、仕掛品、原材料、貯蔵品などのたな卸資産を、実際に在庫してある場所に行って1つずつ数えます。帳簿残高と照らし合わせ、差異が出ていないか調べます。

数を数えるといっても、完成品を個数でカウントするものから、計量器で測るもの、測量するものまでいろいろあります。仕掛品の場合には、完成品までの進捗率を何らかの尺度で換算して金額を出します。

実地たな卸は在庫品の品名、品質、数量、品番などの数え間違い、数え漏れ、重複がないように、たな卸の順番やルール、いつ誰がどのように行なうかの実地たな卸計画やたな卸マニュアルを作っておきます。それと同時に、たな卸の精度を検証するために、たな卸担当者とは別の担当者が「たな卸立会《たちあい》」と称して現場を視察し、時には抜き取り検査（テストカウント）も行ないます。

僕の監査法人時代には、数々の会社のたな卸立会に行き、いろんな経験をしました。お客さんのいない夜中の百貨店で社員がたな卸しているのを視察したり、メーカーの地方工場や倉庫で寒さに震えながら部品をテストカウントしたり、農業大学の農場で豚やイノシシの数を職員と一緒に数えたり、食料品卸のマイナス数十度の冷凍倉庫に防寒着を着て入ったり、安全靴をはきヘルメットをかぶって製鉄所の地上数十メートルの石灰炉に鉄網の階段を上って行ったこともありました。

ゼネコンの3月期末の実地たな卸立会では、地下鉄有楽町線のトンネルのシールド工事現場の先端に行き、どこまで掘削したのか進捗率を算出するために、「セグメント」と呼ばれるプレキャストコンクリート部品の数を数えたりしました。建設会社にとっての仕掛品は「未成工事支出金」と呼ばれますが、たな卸立会はその期末日の金額の基礎数字と実在性（架空計上ではないこと）を確認するための会計監査上大事な仕事なのです。

実地たな卸は実数を当たるだけでなく、商品・製品によっては色落ちや型崩れ、形状変化などによって不良品になったもの、流行遅れになったものがないかどうかを調べます。もともとの帳簿金額から何割か評価減をして翌事業年度に売れる金額にまで帳簿金額を引き下げる（評価減する）、あるいは廃棄するなどの処理をしなければならないからです。実地たな卸は会社の持つ財産を適正な評価額で評価するという意味で重要な手続きです。

ただし、税務上はこの評価減の金額を経費（税務上の言葉では「損金」）として認めてもらえない場合があるので、注意が必要です。そのときには自己否認して（税金を余分に払って）、経費処理します。

在庫残高と帳簿残高に差異が出たときの対処法

そこで、冒頭で述べた「実たな差異比率」の問題に戻ります。

会社全体で帳簿残高と実地たな卸高の差異が、全体の2％、3％も出たら大問題と考えなければいけませんが、たとえば5％以上も生じた会社は、次に述べるような解決すべき課題が内在していると思います。

図表9 実地たな卸は事前準備をしっかりと！

8－A－1－⑤ タイムスケジュール表の作成

・タイムスケジュール表に全体の作業予定、個人ごとの作業予定を記入する。　下記：記入例

8－A－1－④ たな卸作業割当図の作成

・各作業の担当者を決め、たな卸レイアウト図に担当者名と担当範囲を記入する。

8－A－1－① バックルームの商品整理

<たな卸日前日までに実施する作業>
1.バックルームの整理を行なう。　商品と資材の区別をする。
2.B品の処理を行なう。
3.タグ落ち商品の…

8－A商品管理
実地たな卸マニュアル

1.事前準備

(1) バックルームの商品整理	8－A－1－①
(2) …および周辺機器の動作確認	8－A－1－②
(3) たな卸レイアウト図の作成	8－A－1－③
(4) たな卸作業割当図の作成	8－A－1－④
(5) タイムスケジュール表の作成	8－A－1－⑤
(6) 棚札の準備	8－A－1－⑥
(7) たな卸説明会	8－A－1－⑦
(8) 各帳票の確認	8－A－1－⑧
(9) 売場整理	8－A－1－⑨

2.実地たな卸
(1) 定量確認・数量カウント

a．**日頃の商品在庫の受け払い方法に問題がある。同時に、受け払いのときに帳簿への記入（システムへの入力）方法が適時になされていない可能性がある。**…「受け払い」とひと口に言っても、入庫、入庫戻り、出庫、出庫戻りの4とおり、倉庫内の移動（入庫と出庫）を含めると6とおりあるので、どこでどんな間違いが起きやすいかを検討して、業務の流れを標準化し、受け払い方法を適時・的確な手続きに変えるべきです。

また、頻繁に受け払いされるものと動きの少ない不動在庫では、業務効率化の側面から在庫場所そのものを区分しておくべきでしょう。

b．**実地たな卸のやり方自体に問題がある。**…通常、差異が出たものについて再度チェックしますが、原因を探ると、抜け漏れやダブルカウント（重複）が多く、実地たな卸のルールをきちんと決めておけば防げるものがほとんどです。倉庫内の地番ごとに担当者を割り振り、全部の棚ごとに番号札（棚札）を貼り、右の上の棚から始めて下の棚へ向かってたな卸する、終わったら番号札を外し、次の左の棚に移る、という具合に実施して、すべての棚札が回収された段階で実地たな卸は終了です。

c．**万引きが頻発している可能性がある。**…万引き防止策は小売業に共通の課題ですが、顧客が入店するとすぐに「いらっしゃいませ！」と元気な掛け声をかけるという基本動作をするだけで、万引きをしようとしている顧客にとっては「注目しているぞ」という牽制になり、実際に効果があります。

d. **社内で不正が行なわれている可能性がある。**…高価な商品ばかりマイナス差異が多く出ているときは、社員が横領していた、あるいは社員が顧客になりすました友人と組んで横領していたというケースもあります。これらは、鏡を置く、警備員が巡回する、盗難防止装置をつけるなどさまざまな防止策をする以前の問題で、常時、社員教育が行なわれていて、上司と部下のコミュニケーションがしっかり取れていれば、このような不正行為は起きません。

e. **帳簿記入やシステム（仕入・購買・在庫・販売）エラーの可能性がある。**…実地たな卸は正確に行なわれても、対比すべき帳簿が間違っていたら問題です。過去のエラーを修正せずそのまま放置しているケースも論外です。購買管理（発注から仕入検収まで）システム、販売管理システム、在庫管理システムのそれぞれが有機的に会計システムへつながっていない場合もありうるので注意を要します。

以上の問題をすべて解決して、「実たな差異比率」をゼロ以下のパーセントに留めるべきです。その努力を重ねることによって、在庫管理そのものの精度も上がり、業務の標準化が進み、間違いなく仕事の効率が上がります。**経営者の方々にも1度、たな卸立会に行くことをお勧めします。問題はいつも現場で発生しているからです。問題を解決するのも現場発の発想が一番です。**

余談ですが、日本の上場企業の7割以上は3月末決算です。しかし、小売業では2月決算や8月決算会社が意外と多く、ユニクロも8月決算です。これは、小売業者にとって1年を通じて一番売上高の少ない月が2月と8月であり、そのときにたな卸をすれば在庫が一番少なくてたな卸が短時間で終わる、という慣習に根ざしています。合理的な考え方だと思います。

付け加えると、実地たな卸は大掃除と同じです。きれいにするのと同時に、お金が化けたものである商品・製品・原材料ごとにどこまで少なくできるか、最低必要在庫量、適正在庫量について一から検討してみることも必要だと思います。

6 売掛金と買掛金の残高確認をやってみる

売掛金の残高を取引先に問い合わせる

企業が証券取引所に上場するに際しては、最低2事業年度の監査法人による会計監査が必要になります。上場するのに相応しい会社として、適正な企業会計の諸原則で作られた決算書類を適時に作れる能力があるかどうかが重要な上場審査ポイントです。

その会計監査を監査法人が請け負うかどうか契約する前に、現状の会計処理がどのようになされているのかについて1~2週間かけて「予備調査（クイックレビュー）」が行なわれます。予備調査の結果報告書で取り上げられる問題点で多いのは、先述の実たな差異比率と並んで、売掛金や買掛金の残高確認差額についてです。

残高確認とは、売掛金の場合であれば、期末日の会社側の売掛金残高と取引先（顧客）の買掛金残高が一致するかどうかを確認することです。「当社の売掛金残高は〇〇〇円ですが、御社の買掛金残高を回答してください」と残高を確認する通知（残高確認状）を取引先に発送し、回答は監査法人あてに郵送を依頼します。差異があれば、その内容と金額を書いて送ってもらいます。予備調査の時点で初めて残高確認を行なう企業がほとんどなので、ある程度大きな差異が判明することも多いのです。

売掛金の残高確認の場合は、当社の売上計上基準が出荷基準で顧客の仕入計上基準が検収基準であれば、その受け入れ時点の差異が出たりすることはよくあります。**回答されて**

きた確認状で大幅に差異が発見されれば、架空売上や売上計上の調整（期ズレ）の可能性があるので注意を要します。

買掛金の残高に差異が出たときの対処法

買掛金の残高確認も同じように差異が出ることがありますが、その差異内容の調査から、「先方との締め日の違い」「会計処理の計上基準の違い」「積送途中だった」という通常の差異理由以外の、次のような思わぬ問題点が明らかになることがあります。


a．仕入先の過剰請求・ダブリ請求の可能性があり、調べると支払いすぎであった、という事実が判明した。

b．差異のほとんどが当社の仕入計上漏れ、つまり支払い過少の事実が判明した。

c．当社の仕入計上した品名と単価が仕入先の請求書との相違で数年前から未処理のまま残っていた。

d．購買情報システム導入時、あるいはシステム切り替え時のエラーが解消されずに残っていた。

e．仕入値引や返品の処理が、数年分、未処理のままだった。

そもそも仕入れなどの購買管理業務は、発注・購買・支払いの3つのプロセスに分解できます。会社の業務のなかで最も不正や間違いの起きやすい分野です。

それぞれのプロセスに何人かの社員が介在していますが、不正や間違いが起きないように「予防」と「発見」のためのチェック体制（内部統制制度）を手続きとして組み込んでおく必要があります。

初めての買掛金残高確認から、先ほどのような差異分析作業を通じて、チェック体制を組み込む重要性・必要性が分かります。間違いが起きないように内部統制制度を整備・運用するのは経営者の責任なのです。最初はちょっと面倒ですが、積極的に行なえばいろんな効果が得られます。これを機に、最適在庫量を考えて発注するように手続きを改善したという会社もありました。

このような残高確認は会計監査の一環で監査法人が行なうのが一般的ですが、重要性の高い取引残高に絞って行なうので、会社独自ですべての取引先について行なっている会社もあります。会社の経理実務の適正性を検証するためにも、毎決算期末に自らの意思で確認状を発送してみてはいかがですか。

7 そば屋でストップウォッチを使う

仕事が渋滞している会社は利益も出ない

お昼休みにそば屋に入って、もりそばを頼んだとしましょう。5分以内に目の前に出てくるお店もあれば、20分待っても出てこないお店があります。

いかに時間短縮しておいしいそばを作るか、そばを作る過程において、準備作業、作る方法と動きの導線、材料や調味料の置き場所等々、いろいろな観点で工夫しているかどうかで差がつきます。

これは、工場での製品製造工程の分析方法とまったく同じです。まずはストップウォッチを見ながら、それぞれの工程の作業に何分何十秒かかるかを計測して、次にどうしたらそれを短縮できるかを考えてみてほしいと思います。繁盛店であれば並ぶのも苦になりませんから別にして、何も努力せずこのままなら、注文して20分以上待っていなければならないそば屋にはお客さんは行かなくなるでしょう。

会社という人間の組織も、今申し上げた個人のそば屋も同じです。会社は社員の仕事が集まったものです。それぞれの社員の仕事が渋滞していたら、結果的に客にも迷惑をかけ、売上は上がらず、利益も出なくなります。

仕事は部門間の壁に妨げられて渋滞させてはいけません。常に全社員が同じようなスピードで仕事を渋滞させずに流れるようにしておかなければ、組織的に仕事を行なう意味はありません。組織は単なる個人の力の寄せ集めではなく、チームワークの力でより大きな仕事が可能になるからこそ、組織力が大切だと言われるのです。

全社員の「仕事のたな卸」をしよう！

従業員が10人いて、大きく2つのグループに分かれていたとします。5人の仕事＋5人の仕事＝10人分の仕事にしかならない、あるいは誰かが足を引っ張るので8人分（9人－1人＝8人）の仕事しかできない「足し算」の会社よりも、5人の仕事×5人の仕事＝25人分の仕事ができる「掛け算」の会社になるべきなのは誰の目から見ても明らかです。

全員の「仕事のたな卸」を行なって、目的の不明確なムダな作業や重複作業は廃止しましょう。また、どうすれば仕事のスピードが上がるか、どうすれば標準化できるか、どこをどのようにシステム化するか、どこを外注化するかなどについて検討し、どんなに大変な仕事にもきっちりと期限を決めて実行すべきだと思います。仕事は流れていなければ仕事とは言えません。滞留している場合にはボトルネックになっている真の原因を突き止めて、ただちにそれを解消すべきです。

ただし注意しなければいけないのは、ボトルネックになっている対象者が必ずしも実務能力の低い人ばかりではないことです。能力ある人が部下に任せず自分1人で仕事を抱え込んでしまっている場面にもよく出くわします。この人に辞められたり病気になられたら一大事です。そうなる前に経営者が音頭をとって、全社ベースで強制的に仕事の交通整理（再配分、無理無駄の削減、標準化）をしましょう。

企業の置かれている環境は絶えず変化します。時とともにお客様の好みも変わります。同じような商品やサービスをのべつ幕なし提供していても、ダメです。環境変化や顧客の嗜好変化に応じて商品やサービス内容を変えていく必要があります。

企業は生物と同じで、環境変化に対応できず進化しないと滅びます。仕事の内容を見直し、環境変化に対応していかなくてはなりません。そのためには定期的な「仕事のたな卸」が必要なのです。

第3章

儲かる強い会社にするための会計数字の使い方

1 損益構造が利益・現金を生み出せる体質になっているか？

主たる事業の損益構造と営業キャッシュフロー構造を知っているか

あなたの会社の主たる事業の「基本的な損益構造とキャッシュフロー構造」はどうなっているでしょうか。

現金小売だとすると、商品を100で仕入れて150で売れば50の粗利が出ます。ここから店舗の賃借料や人件費などの諸経費の合計40を差し引けば、営業利益10が残ります。これが「損益構造」です。

これに対してキャッシュフロー構造には、「営業キャッシュフロー」「投資キャッシュフロー」「財務キャッシュフロー」の3種類があります。

a．営業キャッシュフロー…売り上げたり仕入れたり人件費や経費を支払ったりする、通常の営業活動から生じる現金収支。

b．投資キャッシュフロー…設備投資をしたり貸し付けたり有価証券を買ったりする、投資活動から生じる現金収支。

c．財務キャッシュフロー…銀行から借り入れたり返済したり増資したりする、財務活動から生じる現金収支。

事業の基本的な構造として、まずは「営業キャッシュフロー構造」を理解しておくべきです。これにはいくつかのパターンがあり、営業債権（売掛金、受取手形）の回収条件と買掛債務（買掛金、支払手形）の支払条件が関係してきます。

まず、現金で仕入れたものを現金で売り上げ、現金で諸経費を支払っていれば、営業利益と同額の現金10が残ります。また、4ヵ月後の手形払いで仕入れた商品を現金小売したとしたら、諸経費をすべて当月中に支払ったとしても150マイナス40で110の現金が月末に残り、それを次月の仕入れのために使えます。**入金（回収）条件は同じでも、支払条件が異なればキャッシュフロー構造はまったく違ってきます。どちらが有利かはすぐに分かります。**

このような損益構造が6ヵ月続き、営業キャッシュフローは「①現金仕入・現金販売のケース」と「②4ヵ月サイトの手形仕入・現金販売のケース」がそれぞれ6ヵ月続いたと仮定すると、図表10のような結果となります。損益構造と入金条件は同じでも、支払条件が異なれば、6ヵ月後には現金残高が400も違ってきます。実際には、回収条件が3ヵ月以上のサイトの受取手形だったり、固定資産を買ったりすることがあり、こんなに単純にはいきませんが…。

この2つの数字の構造が正常であること、つまりプラスの利益と現金が残ることが、その事業を継続していけるかどうかの試金石です。

損益が赤字だったり、営業キャッシュフローがマイナス（現金が先に出ていってしまう）であれば、その事業を継続する意味はありません。損益構造を変えるか、入金（回収）条件や支払条件を変える（相手と交渉して変えてもらう）しかありません。

どんなに複雑な取引でも、単純化すればこの損益構造・営業キャッシュフロー構造が見えてきます。返品・値引・単価修正等の例外事項が多く単純化しにくい場合には、単純化しにくいこと自体が問題であり、ただちにその例外をなくす努力をすべきです。

ユニクロのように多店舗展開するようなビジネスだと、標準店とその損益構造を決めれば、会社全体の損益構造は「標準店の損益構造×店舗数」という掛け算になります。

より正確に言えば、「標準店の損益構造×店舗数」から得られた営業利益から本部経費を差し引いた数字が、全社の営業利益になります。

図表10 損益構造と営業キャッシュフロー構造

◆損益構造

商品を100で仕入れて150で売る。この粗利50から店舗の賃借料や人件費など経費合計40を差し引いて、営業利益10が残る。同じ状況が6ヵ月続くと仮定すると…

	1月	2月	3月	4月	5月	6月	合計
売上高	150	150	150	150	150	150	900
売上原価	▲100	▲100	▲100	▲100	▲100	▲100	▲600
粗利	50	50	50	50	50	50	300
諸経費	▲40	▲40	▲40	▲40	▲40	▲40	▲240
営業利益	10	10	10	10	10	10	60

支払条件しだいで、こんなにも差が出る。

◆営業キャッシュフロー構造

①現金仕入・現金販売のケース

	1月	2月	3月	4月	5月	6月	合計
月初現金残高	100	10	20	30	40	50	100
現金収入	150	150	150	150	150	150	900
現金商品仕入	▲100	▲100	▲100	▲100	▲100	▲100	▲600
現金支出（経費）	▲40	▲40	▲40	▲40	▲40	▲40	▲240
借入返済	▲100	0	0	0	0	0	▲100
当月末現金残高	10	20	30	40	50	60	**60**

②手形（サイト4ヵ月）仕入・現金販売のケース

	1月	2月	3月	4月	5月	6月	合計
月初現金残高	0	110	220	330	440	450	0
現金収入	150	150	150	150	150	150	900
現金支出（経費）	▲40	▲40	▲40	▲40	▲40	▲40	▲240
手形期日落ち	0	0	0	0	▲100	▲100	▲200
当月末現金残高	110	220	330	440	450	460	**460**

本部経費をすべて売上高と比例しない固定費だと仮定すると、ある一定の店舗数を超えれば大幅に利益が出る構造になります。逆に言えば、事業を拡大すればするほど利益が逓増していくような構造（**収穫逓増構造**）が望ましいわけです。「店舗ごとの業務の標準化＋ローコストオペレーション」と「小さな本部体制」が理想です。

分かりきったことですが、事業拡大に伴って変動費だけでなく本部経費も膨大に増え続けるようなビジネスなら、早めにやめるべきです。

粗利率、販管費比率は同業他社と比べてどうか？

売上高で売上総利益（粗利益《あらりえき》）を割った指標が「粗利率《あらりりつ》」、売上高で販売費及び一般管理費を割った指標が「販管費比率」と言いますが、これには一般的に業種の特殊性による類似性があります。

たとえばメガネ量販店のケースでは、粗利率は60〜70％、販管費比率は50〜60％で、営業利益率が5〜10％程度という損益構造になっています。粗利率が非常に高いわりに、信頼するに足る立派な店舗を構えて、社員を雇って適切な検査が行なえるよう教育し、主に土日に顧客を待っていなければならないという営業の構造を表しています。

ドラッグストアでは、粗利率は25％前後で販管費比率は22％前後、結果として営業利益率は3％程度です。現金小売が主なのでキャッシュフローは良好ですが、医薬品や日用品の粗利はそれほど高くなく、営業利益を出すためには大量販売、パート・アルバイトの雇用、店舗のローコストオペレーションが必須です。

酒販店は粗利率18～20％で販管費比率が16～19％なので、営業利益率は1～2％となります。こちらもキャッシュフローは問題ないものの、ビールやミネラルウォーター類は非常に粗利が低く、営業利益を出すためにはドラッグストア以上にローコストオペレーションが必要になります。

損益構造とキャッシュフロー構造は、メーカーや卸売業、建設業などそれぞれの業種・業態・規模・業界の取引慣行によっても異なるし、設備投資による減価償却費や研究開発費などの大小によっても、まったく異なったものになります。

製品・商品の販売価格は、オンリーワン企業ならともかく、それぞれの市場や市況によって制限され、売値が「原価＋利益」の積み上げ計算からでは算出できないケースも多く、粗利率は高くならない場合が多いです。

ただし、業種の特殊性による類似性は多少あるにしても、まったく逆に、そのような「業界の常識数字」に惑わされていてはいけません。これにとらわれると同業他社と横並び経営に陥ってしまうからです。

大事なことは、損益構造やキャッシュフロー構造をどのように変えれば利益が出るか、当社にしかできない付加価値をどのように付けられるか、を考えることなのです。会社を成長させるべく、業界の常識数字に惑わされずに、自社の構造の本質を見きわめ、販売価格の設定や経費や設備投資支出などそれぞれの局面ごとに正しい判断をすべきです。

粗利率を高めるためにどんな手を打つか

では、粗利率を高めるためにどんな手を打つべきでしょうか。実務上、そう簡単にはいきませんが、真正面から取り組むべき課題です。

a. 売値を徹底的に再考してみる。高くすべきもの、安くすべきものを分け、メリハリをつける。

b. 商品構成を見直す。品揃えの奥行きと幅、値段構成などあらゆる観点から見直すべきです。

c. 仕入先とコストダウン交渉をする。交渉を有利に進めるには仕入品目を絞って、量を確保する必要があります。

d. 商品の仕入先と交渉し、ＳＰＡ（製造小売業）化する。ひと口にＳＰＡと言っても、いろんなやり方があるので説明は割愛しますが、ある程度の製造ロット量にならないとメーカー側とは交渉できないので、売れ筋商品を見きわめ、それに絞って企画・販売計画を立てて進めるべきです。最初の一歩は「別注」からですかね。

e．卸や商社からの仕入れをやめ、メーカーとの直取引に変える。

f．メーカーであれば、すべての原価項目について製造方法を含めて見直し、圧倒的なコストダウンをする。内製化と外注化のどちらが最適か検討し実行する。

どの項目も相当の努力を要しますが、仕入先との交渉には、仕入担当者ではなく経営者自らが直接行くべきでしょう。粗利率向上はそれくらい重要な問題です。

販管費比率を引き下げるためにどんな手を打つか

次は、売上高に対する販売費及び一般管理費の占める比率である販管費比率をどのように低く抑えるかです。

まずは、販売費及び一般管理費（以下、販管費）の内容を分析し、固定費、変動費、準変動費に分けてみましょう。

販管費の内容は、販売費、人件費、地代家賃・賃借・リース料、減価償却費、通信・交通費、事務用品費、交際費などです。ただし、一般的には売上に連動する販売関連費用（販売手数料、クレジット手数料、販売促進費、包装費等）とパート・アルバイトの人件費を除いては、販管費のほとんどが固定費と考えられます。

a．固定費である人件費は、売上が上がらなくても日々発生しています。それに人件費は販管費のなかで最も大きな割合を占めます。繁盛し混雑しているときにだけ従業員が多く顧客に対応して働き、顧客がいないときには準備作業以外の従業員がいない（人件費が発生しない）のが理想ですが、なかなかそういうわけにはいきません。

そこで、**チェーン展開する小売業・飲食業では、店長とそれ以下の2～3人だけ（あるいは店長だけ）が社員で、他はパート・アルバイトという「人件費の変動費化」を図っています。**社員以外のパート・アルバイトには忙しくなる時間帯中心に働いてもらえばいいのです。経験値に基づく人員配置表をどう作っていくかがポイントです。人員配置表は各社ごとのノウハウが詰まっています。なかには多くのパート社員だけで店舗を運営したり、パート社員が店長を務めている上場企業さえあります。

b．**不要な残業をしない、させないのが原則です。**残業とはそもそも上司から部下への業務命令であり、必要性があるから通常業務時間を超えて仕事をするのです。過重労働の目安である1ヵ月に80時間も100時間も超過勤務をすること自体が異常であり、業務の標準化とマンパワー考量と業務のたな卸を行なって仕事自体の必要性を常時検討すれば、定期的に起こる締切日ごとの残業は除いて、普段はノー残業ができる体制をどの部門でも作ることができると思います。まさにそれが経営者の責任です。ノー残業が続けば、安全衛生面にも人件費削減にも資するはずです。

c．**業務の標準化・システム化を通じて省力化することです。**営業やCS（顧客サービス）などの業務プロセスの現状を詳しく調査し、改善しつつ標準化し、コンピュータシステム化できるところはすべて行なったうえで、外注化（アウトソーシング）できる部分は切り出してみましょう。もちろん、業務（オペレーション）の品質は落とさないことが肝要です。

d．**売上高に連動する販売手数料、販売促進費については、販売チャネルが今までどおりでよいかを根本的に見直すとともに、科目別にゼロベースで売上効果があるのかを考えます。**顧客企業・取引先企業との契約の上で支払っている販売手数料や販売促進費は、契約期間や条件等を少しでも好条件に変更するのに時間がかかるかもしれませんが、やるべきです。既存契約先は徐々に変えていくにしても、新規契約先はすぐにでも変更しましょう。クレジット手数料も、契約会社を集約するなりして料率を下げてもらう交渉をしたらいかがですか。

e．**広告宣伝費の内容を見直します。**広告宣伝の方法に関しては、ホームページ制作からチラシ配布、ラジオCM、テレビCM、雑誌媒体とのコラボレーション、顧客アンケートなど数限りなく存在しますが、効果測定は難しいです。また、フェイスブックやツイッターのようにほとんど経費がかからない（と言っても、担当者の人件費はバカになりませんのでご留意を！）方法から、莫大な費用がかかるテレビCMまでさまざまです。どのような方法が自社の製品・サービスの宣伝に相応しいかを再考し、試行錯誤を繰り返すべきです。下手な鉄砲も数打たなければ的に当たりません。

そのほか業種・業態・規模によって販管費の各科目の重要度は異なりますので、重要性の高いものから削減できる要素はないか、常に、期の途中であっても探り出し、コストダウンの努力を重ねるべきです。

2 部門ごとの損益構造は計画どおりか？

1本足打法よりも3本足打法で中長期に安定化

起業したばかりであれば1つの事業のみを営んだり、1つの製品製造だけに賭けるというのが一般的です。部門は1つなので損益計算もやりやすいです。

しかし、ある程度時が経ち成長すると、1つの事業あるいは1つの製品製造にのみ依存していると、環境や諸条件が変わったことに対応できなかったり、ブームが終わったり、消費者から飽きられたりして、事業そのものが突然パタッとダメになることがあります。

その大きなリスクに対しては、**中長期的に計画しても構わないので、2つめ3つめの事業を探し出して実行し、大きな柱に成長させることで対応すべきです。**

ただし、1つめの柱を盤石にすることをおろそかにしてはいけません。また、1つめの柱が伸びないので、あきらめて2つめ3つめを探すというのでは本末転倒です。

1本足打法の企業は、実は上場しているメーカーにも多いです。ずば抜けた1つの製品の類似品・改良品を出し続けること、およびグローバル化の努力は相当ハードなものですし、それはそれで尊敬に値しますが、どの企業も1本足打法からなかなか抜け出せずにいるのも事実です。これらの企業では、商品別あるいは事業部門別損益は拠点別損益とほぼ近いものになっています。

本当の部門別損益は営業利益まで算出する

部門別損益は、事業部門ごとに正しい売上高・売上原価・販管費を区分し、各事業部門の営業利益までを算出します。各事業部がどれだけ営業利益に貢献しているのかを知るべきです。

通常、売上高と売上原価、それらを差し引いた粗利までは各事業部門に分けて管理していますが、販管費は事業部固有のもの（直課すべきもの）だけでなく本部・本社機能の部分まで含まれているので、部門別の営業利益までを算出している会社は少ないです。**営業利益を出すためには、本部・本社機能の販管費を各事業部門に何らかの配賦基準に基づいて割り振らなくてはなりません。**

販管費の内容を科目ごとに精査し、事業部に直課できるものはそれを行なったあとに、残った共通経費について科目ごとに、部門別の売上高、部門別の社員数、部門別の使用面

図表11 部門別損益表を営業利益まで出す

本社経費を各部門に配賦して、部門別損益表を完成させよう！

算式	①	②	③ (①－②)	③÷①	④	⑤ (③－④)	⑥	⑦ (⑤－⑥)	⑦÷①
	売上高	売上原価	粗利	粗利率	販管費直課	貢献利益	販管費間接費配賦	営業利益	営業利益率
A部門	5,000	2,700	2,300	46%	1,000	1,300	625	675	13.5%
B部門	3,500	2,100	1,400	40%	800	600	438	163	4.6%
C部門	2,800	1,904	896	32%	550	346	350	▲4	▲0.1%
D部門	700	364	336	48%	120	216	88	129	18.4%
本社	-	-	-	-	1,500	▲1,500	▲1,500	0	-
計	12,000	7,068	4,932	41%	3,970	962	0	962	8.0%

注：本社発生経費1,500を便宜上、それぞれの売上高を基準に4つの部門に配賦した。

実務上は、経費の内容ごとに配賦基準を検討して配賦します。

配賦基準の事例：人件費…配賦部門の人数か人件費。

設備費・償却費…配賦部門の使用面積。

販売費・広告宣伝費…売上高。

部門別損益表を作って、各部門の業績を評価してみる。
➡C部門はもう半年やってみてダメなら廃止し、
営業利益率の高いD部門を強化しよう。

積などを配賦基準として使って配賦します。最終的に配賦後の販管費を部門別の粗利から差し引いて営業利益を算出します。

部門別の営業損益を事業の改廃につなげよう!

部門ごとに営業利益(損失)が算出できれば、あとはそれをどのように評価するかという問題に移ることができます。部門はセグメントとも呼ばれ、経営者がどのセグメントを伸ばしてどのセグメントを廃止するかは、経営戦略上の非常に重要な意思決定事項です。

既存事業と新規事業が併存している場合には、一律に評価しないほうがよいこともあります。当然、経過年数が違い、事業ごとに芽が出て花の開く時期も違うからです。

初期段階において投資資金がある程度必要で数年後にやっと売上が立つビジネス(創薬、バイオ、ソフト開発、環境関連機器などの研究開発型企業)もあれば、店舗展開するつど比例的に資金が必要となるビジネス(小売業、外食チェーン)など、成長過程もさまざまです。

それらをどのように評価すべきでしょうか。営業利益の出ている部門にのみ集中して、営業損失に陥っている部門を即廃止すべきでしょうか。ここは**すべてを一律に一気に評価するのではなく、経過年数や営業利益の成長率などを考慮すべきです。**

社内で一定のルール、たとえば「新規事業は最初の2年間はたとえ赤字でも静観（我慢）し、3年目の途中から単月黒字が出なければ、満3年間経過した時点で再評価し、正当な理由がなければその時点で打ち切りとする」という具合に規程を作っておきます。3年目の月次決算で徐々に赤字幅が減っていき、4年目に黒字化が確実に見込まれるとすれば、その規程の「正当な理由」に該当すると思います。

業界ナンバーワンかナンバーツーに育ちそうな分野の事業だけを残して、ある一定の経過期間を過ぎたあとは即廃止する、という企業もあります。そのような意思決定のときに、この部門別損益表を利用するのです。

3 社員に決算書を公開し、1人当たりの決算書を作る

社員に決算書を公開してみよう！

会社の1年間の成績表である決算書（財務諸表とも言います）は、社員全員が読んで理解して、初めて意味のあるものになります。

上場会社なら決算書（有価証券報告書）は誰でもすぐに無料で手に入りますが（金融庁のホームページからＥＤＩＮＥＴで検索できます）、未上場企業の場合は経営者や同族関係者以外には入手は難しいですね。

松下幸之助さんは会社がまだ創業直後の零細企業のうちから、数名の社員（店員）たちに決算書を公開していたそうです（『松下幸之助が惚れた男【評伝】高橋荒太郎』小宮和行著、ダイヤモンド社、１９９６年3月）。

経営状態を常にガラス張りにすることによって、社員を経営者の観点に立たせ、危機感を持たせたり、やる気を出させたりしていたのではないでしょうか。日本の中小企業のほとんどが同族経営で、決算書を社員に公開しているところは少ないと思います。１度オープンにしてみて、経営の現状と今後の方針・経営計画について社員と一緒に徹底的に話し合ってみると、素晴らしいヒントや積極策が生まれ、社員のやる気が増すと思います。

そのときに効果を発揮するのが「１人当たり決算書」、とくに**「1人当たり損益計算書」**です。

社員1人当たり損益計算書の作り方

そもそも決算書は会社全体の活動結果を表しているので、相当大きな数字であることが

図表12 トヨタ自動車の1人当たり決算書

(単位：百万円)

	科目／決算期	2010年3月期 会社全体	2010年3月期 1人当たり決算書	2011年3月期 会社全体	2011年3月期 1人当たり決算書
連結	売上高	18,950,973	49.9	18,993,688	49.4
	営業利益	147,516	0.4	468,279	1.2
	税金等調整前当期純利益	291,468	0.8	563,290	1.5
	当期純利益	209,456	0.6	408,183	1.1
	純資産額	10,930,443	28.8	10,920,024	28.4
	総資産額	30,349,287	79.9	29,818,166	77.6
	1株当たり株主資本（円）	3,303.5		3,295.1	
	1株当たり当期純利益（円）	66.8		130.2	
	株主資本比率（%）	34.1		34.7	
	株主資本当期純利益率（%）	2.1		3.9	
	営業活動によるキャッシュフロー	2,558,530	6.7	2,024,009	5.3
	投資活動によるキャッシュフロー	▲2,850,184	▲8	▲2,116,344	▲6
	財務活動によるキャッシュフロー	▲277,982	▲1	434,327	1
	現金及び現金同等物期末残高	1,865,746	4.9	2,080,709	5.4
	従業員数（人）	320,590		317,716	
	平均臨時雇用人員（人）	59,160		66,396	
	合計　人員（人）	379,750		384,112	

	科目／決算期	2010年3月期 会社全体	2010年3月期 1人当たり決算書	2011年3月期 会社全体	2011年3月期 1人当たり決算書
個別（単体）	売上高	8,597,872	107.1	8,242,830	105.8
	営業利益	▲328,061	▲4	▲480,938	▲6
	当期純利益	26,188	0.3	52,764	0.7
	従業員数（臨時込み）（人）	80,292		77,878	
	製造原価中の労務費	607,658		582,807	
	販管費中の人件費	136,205		131,683	
	人件費合計	743,863	9.3	714,490	9.2

出所：トヨタ自動車の有価証券報告書

多いのです。それを身近な数字に置き換えることによって、経営状況そのものがより身近なものに見えてきます。

1人当たり損益計算書を作るには、損益計算書のすべての科目の数字を、単純に全社員数で割ってみます。

ちなみに、トヨタ自動車の2011年3月期の連結ベース（グループ会社全体の連結決算書）の売上高、営業利益、当期純利益（同社は米国基準で決算書を作成しているので、経常利益は存在しません）は、それぞれ18兆9936億円、4682億円、4081億円と莫大な数字です。**これらを連結会社全体の従業員数（平均臨時従業員数を含む）38万4112人で割ってみると、売上高4940万円、営業利益120万円、当期純利益110万円となります。**

年俸500万円の人であれば、売上高は9・88倍、営業利益0・24倍、当期純利益0・22倍となります。より身近な数字として感じられるというよりも、こんな利益しか出ていないの？大丈夫かな？と思われるかもしれません。財政状態は良好なものの、ここ数年は若者の車離れや円高が進んだためか減収傾向にあり、収益性・成長性は決して良いものではありません。大企業も悩んでいます。

年収500万円の社員はいくら稼がなければならないか

会社は毎年度継続的に利益を生み出さない限り、中長期で成長していくことができません。3年連続で赤字が続くと債務超過になることもあり、倒産する危険性さえあります。会社で働く全社員に給与を支払い、原材料・商品を買い、あらゆる経費や税金を支払ったあとで、最終の利益が5%残るためにはどのような損益構造でなければならないか。会社の業種・業態・機微によっても異なりますが、**年収の何倍くらい稼げば会社に利益が残るのでしょうか。**

年収500万円前後の人が勤めるサービス業、メーカー、小売業で、1人当たり損益計算書を作って大ざっぱに比較してみることにしましょう（113ページの図表13参照）。

東京証券取引所に上場している富士ソフト、大正製薬、メガネトップ3社の2011年3月期有価証券報告書を使ってみます。連結ベース（グループ企業全体の数字）では人件費のデータが開示されていないので、個別（上場会社単体）の決算書の数字を抜き出し、1人当たり損益計算書を作ってみました。

この3社の算出結果は、それぞれ業種の特色を表した損益構造となっています。

システムインテグレーターの富士ソフトは、売上高の半分を人件費として支払い、残りを外注費、減価償却費、設備費などに費やしたのち、3%が利益として残っています。ソフト開発会社は「人件費商売」と総称しても過言ではないでしょう。

製薬メーカーの大正製薬は、売上高総利益率（粗利率）が67％と非常に高いものの、販管費に48％費やし、最終的に15％が利益として残っています。販管費のなかで大きい割合を占めるのは広告宣伝費、販売促進費、研究開発費の3つで、合計すると売上高の24％に達します。人件費の割合は12％ほどです。昔から「薬九層倍《くすりくそうばい》」と言われるように、薬の売価は原価よりはるかに高く、粗利は高いですが、研究開発にカネをかけないと新製品が作れないし、宣伝広告しないと売れないということですね。

多店舗展開するメガネ販売業のメガネトップは、大正製薬同様に売上高総利益率（粗利率）が69％と非常に高く、人件費、賃借料、広告宣伝費などの販管費に58％費やしたのちに、最終的に5％が利益として残ります。粗利の高いメガネも、多店舗展開しないと大量には売れません。多店舗展開するには27％の人件費、11％の賃借料ほか相当な維持費がかかるということです。

次に、1人当たり年平均人件費はそれぞれ、590万2000円、624万6000円、422万2000円で、**売上高を人件費合計で割った「給与の何倍稼ぐか」の指標は、2・0倍、8・4倍、3・7倍となります。**違いに驚かされます。

ただしメガネトップは、従業員のうち約半数の1670人が臨時従業員（1日8時間換

図表13 3つの業種の1人当たり損益計算書

3つの業種を比較してみると…

2011年3月期	サービス業			メーカー			小売業		
	富士ソフト(単体)			大正製薬(単体)			メガネトップ(単体)		
	百万円	売上構成比	1人当たり損益計算書(千円)	百万円	売上構成比	1人当たり損益計算書(千円)	百万円	売上構成比	1人当たり損益計算書(千円)
売上高	71,249	100%	11,674	197,322	100%	52,647	53,052	100%	15,608
売上原価	54,264	76%	8,891	65,500	33%	17,476	16,672	31%	4,905
売上総利益	16,985	24%	2,783	131,822	67%	35,171	36,380	69%	10,703
販売費・一般管理費	15,067	21%	2,469	95,216	48%	25,404	30,993	58%	9,118
営業利益	1,918	3%	314	36,606	19%	9,767	5,387	10%	1,585
当期利益	2,147	3%	352	29,990	15%	8,002	2,677	5%	788

	富士ソフト	大正製薬	メガネトップ
従業員数（臨時込み）	6,103	3,748	3,399
平均年齢（歳）	34.7	41.1	34.0
平均勤続年数	7.5	16.1	6.7
平均年間給与（千円）	4,921	7,752	4,610
原価・労務費	26,701	6,097	150
販管費・人件費	9,317	17,313	14,199
合計	36,018	23,410	14,349
給与の何倍稼ぐか？（売上高÷人件費合計）	2.0 倍	8.4 倍	3.7 倍
1人当たり平均人件費（人件費合計÷従業員数）	5,902 千円	6,246 千円	4,222 千円

注1：原価の労務費は製造原価明細書から抽出したが、販管費の人件費は損益計算書本体と注記から人件費と思われる科目を集計したので、必ずしも正確ではありません。

注2：臨時従業員数については、富士ソフト52人、大正製薬207人が従業員数に含まれるだけですが、メガネトップに関しては1670人と非常に多いので、1人当たり平均人件費は低く算出されていることに注意を要します。

3つの業種の損益構造（上表の「売上構成比」）と「給与の何倍稼ぐか？」があまりに異なるので驚きます！

算した年間雇用平均人員）なので、平均人件費を算出するときには多少人数を割り引いて計算する必要があります。試しに臨時従業員数を3割減として計算すると、495万1000円となりました。ほぼ500万円です。

メガネトップの1人当たり損益計算書を見ると、1人ひとりが年間1560万円以上売らないと利益が5％残らないことを示しています。これを12で割って1ヵ月に直すと130万円、さらにこれを22で割って1日当たりにすると約6万円になります。

従業員数には製造工場、管理部門、物流など営業店舗以外の人数も含まれているので、営業店舗の担当者なら1日最低7〜8万円程度売らないといけないでしょう。顧客の平均単価3〜4万円なら平日に1人、土日に3〜4人ずつ売れればクリアします。実際のところはまったく分かりませんが、メガネの平均単価がもっと低ければ、クリアするのは結構大変な数字です。

4 在庫削減はトップ主導の経営改革の命

滞留在庫はカネの回転を妨げる悪玉

商売の儲けの源泉となる在庫にはさまざまな形態のものがあり、商品、製品、仕掛品、原材料、貯蔵品などを総称します。言うまでもなく、**在庫はカネが変化したものです。**

小売業でも売れ筋商品の場合は、売れるつど仕入れれば、良い循環となりお金がグルグル回転します。しかし、売れ行きの良くない滞留在庫や、顧客から返品された商品で仕入先に返品できないものであれば、まったくの死に金になってしまいます。

メーカーの製品では、期末間際に売上を立てようとして卸売業者に無理に押し込み販売をしても、売れる製品でなければ翌期に返品されてしまうので、どこも引き取ってくれません。原材料在庫も、適正な販売計画に連動する生産計画に基づいた適正在庫でなければ、必ず滞留の憂き目にあいます。

建設業の仕掛品は「未成工事支出金」と言い、前受金をもらえないまま長期工事を請け負ってしまうと、建設が終わるまでの長い間「キャッシュが寝る」ことになります。

このように在庫のコントロールは企業の死活問題なので、倒産しかけた企業の再生では、**リストラと並んで在庫削減から手をつけることがよくあります。**

一方で在庫管理の仕事は、販売計画と販売管理業務、顧客の与信、物流、仕入計画と仕入購買業務などあらゆる業務プロセスと連動しています。それらが有機的につながり、うまく回っていないと、在庫過多になったり、逆に在庫過少で欠品になります。得意先が倒産したために、大量に在庫を抱えたまま連鎖倒産が起きることもよくあります。

したがって在庫の滞留が起きないよう、いかにしてカネを回転させるべく適正在庫量を保つかが、経営の要点となります。

滞留在庫を会計数字で素早くキャッチする方法

常に滞留在庫やスロームービングを作らず、在庫切れも起こさないようにするのは、簡単なことではありませんが、至難の業でもありません。

メーカーの場合は、ある製品を大量生産するに際して、初回から大量に作ると失敗することがあるので、まずは半分だけ作って売れ行きを見ながら追加生産するという方式を採ります。売れ行きについては、商社や問屋に売れたものだけでなく、その先の小売店での売れ行きも観察しなければなりません。小売店での売れ行きが芳しくないと、返品されて戻ってきます。追加生産などはもってのほかです。

商品を仕入販売する小売業の場合は、在庫といっても店頭にある在庫、倉庫にある在庫、移動中の在庫、メーカーへの発注残高と4種類あり、これらを合計した「総在庫」を売れ行きとのバランスを見ながら管理します。これを**「製販バランス管理」**と言います。

週次ベースで製販バランスを見ながら、追加発注するか、今後の発注をやめるか、値引して売り切るか、アウトレットに回すか、売れ残ったら次のシーズンまでキャリーするかを決めます。

要するに、在庫が発生しているそれぞれの過程で数字化して、その数字の変化を観察し、素早く行動を起こすわけです。

努力した結果、やむをえず滞留在庫が決算期末近くまで残ってしまった場合は、翌期に売れる値段まで評価減する（簿価を切り下げる）か、廃棄処分するかを決め、廃棄処分するのであれば期末日までに実施します。評価減は税務上損金として認められないことが多く、有税になりますが、売れなかった責任を果たす意味でも腹をくくって早めに決断すべきです。

「無在庫物流」を目指してみよう！

在庫を大幅に削減しようと考えたら、単に月末や決算期末だけ少なくしようとしても意味がありません。製品在庫の場合は、製造工程の原材料投入時点から最終製品が出来上がり出荷する時点まで、すべての工程で根本的な合理化や効率化を推し進め、リードタイムを短縮する努力が必要になります。出荷後の流通在庫も削減しなくてはなりません。

このような取り組みは、経営トップが主導して全社的な経営革新運動として行なうべきもので、その過程のなかでイノベーションの芽が大きく育ってくるのです。また流通在庫の削減は、販売会社や商社・問屋の協力を得なければできません。

商品小売の理想は「飛ぶように売れること」で、メーカーのそれは「完全受注生産」です。それらが可能なら、商品が作られてから消費者の手に届くまで、どの製造工程・流通過程においても効率的に瞬時に通り過ぎ「無在庫物流」を実現することができます。

トヨタ自動車のジャストインタイム（ＪＩＴ）生産方式は世界的に有名で、アメリカの自動車産業だけでなく、世界中のさまざまな業種の企業から参考にされています。無在庫物流に近い方法と言えます。

これは、必要なものを、必要なときに、必要な量だけ生産し、とくに仕掛品の在庫量を最小にとどめる方式で、工程ごとのモノの受け渡しとカンバン（情報）のやり取りを長年かけて工夫してきた結果です。そしてこの方式は、トヨタ自動車傘下のすべての下請会社の全面的な協力で成り立っているものと考えられます。

回転寿司店「スシロー」をチェーン展開しているあきんどスシローは、2011年に業界シェア20％に達し、売上高トップに躍り出ました。

寿司ネタの質の高さが強みで、スシローの原価率は約50％と、他社よりも高いです。驚くべきことに、04年には業界の常識を覆してセントラルキッチンを廃止しています。仕入れた鮮魚は各店舗でカットし、シャリも各店舗で炊いています。パート社員数は他社より多く、人件費率も高いのですが、高い原価率の裏側には、経営工学を活かし、食材の廃棄ロスを最小限に食い止めるための「回転すし総合管理システム」という仕組みがありました。レーンに流すネタを来店客の滞在時間や客層によって刻々と変え、1分後と15分後の店内の状況を予測し、ネタの仕込みすぎや寿司の廃棄ロス削減などにつなげているそうです（『日経ビジネス』11年12月12日号）。来店客の観察と板場の作業プロセス分析を連動させた科学的なアプローチの素晴らしい結果だと思います。

完全な無在庫物流は実務上困難ですが、トヨタ自動車のようにどの製造工程でも必要最小限の在庫量に留める体制を取ることは可能です。メーカーだけでなく、どの業種でも各工程別に分解して仕組み作りをやってみたらどうでしょうか。あきんどスシローのような外食チェーンでも可能なのです。工程別の業務プロセス改善の結果が、原価率のコントロールと廃棄ロスの削減、ひいては競合他社への価格競争力の維持につながります。

自社でどのように工夫したらそれらが可能になるのか、やってみなければ分かりません。ぜひトライしてみてください。

5 適切な方法で減価償却しているか？

分かりにくい減価償却もこう考えればうまくいく

経営者やビジネスマンなら、経理・財務に縁がなくても「減価償却《げんかしょうきゃく》」という言葉はおなじみでしょう。何しろこの言葉だけで1冊の本が書けるので、限られた紙幅で完全に言い表すのは難しいですが、この項目を読んで「なんとなく分かる」から「少しは理解した」程度になっていただけたらと思います。

今、あなたが10年間の使用に耐えられる製めん設備を1000万円で買い、めんを作って売る事業を始めるとしましょう。

初年度の売上が２０００万円、原材料費６００万円、労務費（なぜかメーカーの人件費のことをこう呼びます。苦労するからかも？）８００万円、諸経費３００万円と仮定したときに、製造設備の１０００万円を初年度だけですべて費用として計上してしまうと、７００万円の赤字になります。この損益構造のままだと、２年目以降は設備に関する費用負担はゼロとなり、設備を取り替える10年後までは毎年３００万円の利益が出ることになります。これでよいのでしょうか。何かおかしいですね。

この設備は10年間使えるのですから、１０００万円を10で割って、１年に１００万円ずつ減価償却費として計上したほうが実態と合っています。費用は設備の使用期間に「対応して」徐々に発生すると考えたほうが自然です。設備費の負担額を使用期間に分けるという考え方です。

つまり**減価償却とは、売上・利益を上げるために事業目的で購入した固定資産の金額を、使用に耐えられる年数（耐用年数《たいようねんすう》と呼びます）にわたって、その期間に対応する「費用」として1年ずつ割り振る作業のことなのです。**

減価償却費のことを「現金支出の伴わない費用」などとおかしな表現をするのも、「買った」ときにはお金が出ていきますが、その翌年から何回（何年度）かに分けて「費用」として帳簿に記入するときにはお金が出ていっているわけではない、という意味なのです。

固定資産であれば建物、構築物、機械、器具備品、車両運搬具などの有形固定資産、特許権、商標権、ソフトウエアなどの無形固定資産、変わったところでは動植物まで減価償却の対象です。土地は、時間とともに一定割合で減価するわけではないので償却しないことになっています。

減価償却のやり方は仮定に満ちている

減価償却の考え方は、いくつもの仮定のもとに成り立っています。

①耐用年数は、その資産を使ってみなければ何年使用できるかが分からないので、「だいたいこんなものか」と仮定します。多くの会社は法人税法で定められた年数を使っています。というより、その法定耐用年数に縛られています。

あるメーカーの主要な機械の耐用年数が8年と規定されていたとします。この会社では実際には5年おきにこの機械を更新（買い替え）しているにもかかわらず、法定では8年で償却をすることになります。これでは使用実態に合っていませんね。**こういう場合には、法定の限度額を超えて（毎年の減価償却費を増やして）、つまり税金を余分に払ってでも5年で償却するべきなのです。これを「有税償却」と言います。**

②本来は、資産の使い方の荒っぽい人や会社、忙しい時期と、そうでない人や会社、時

図表14　減価償却の2つの方法

減価償却とは資産の耐用年数ごとに「取得原価」を配分する方法です。

定額法による期間配分

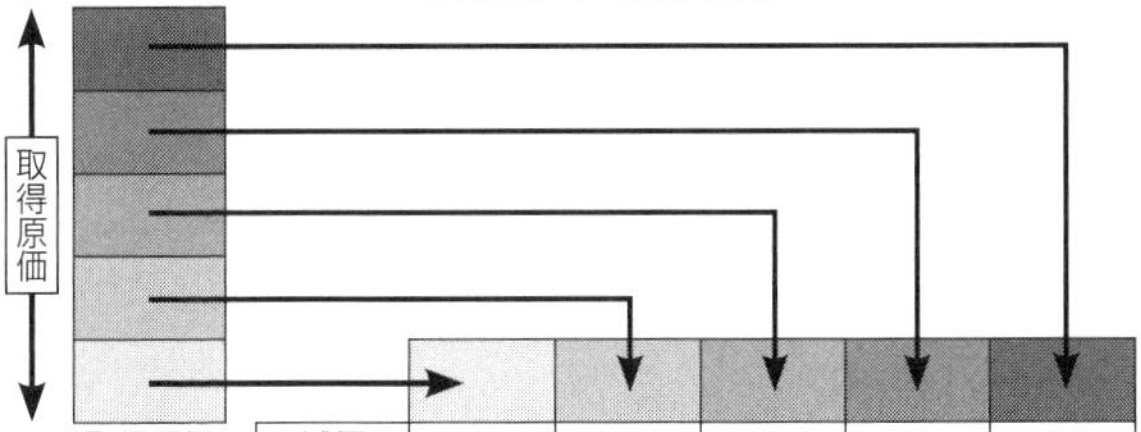

取得原価 250	減価償却費	50	50	50	50	50
5年で均等償却と仮定	期末帳簿残高	200	150	100	50	0
		1年目	2年目	3年目	4年目	5年目 → 期間

減価償却費は毎年同額となる。

定率法による期間配分

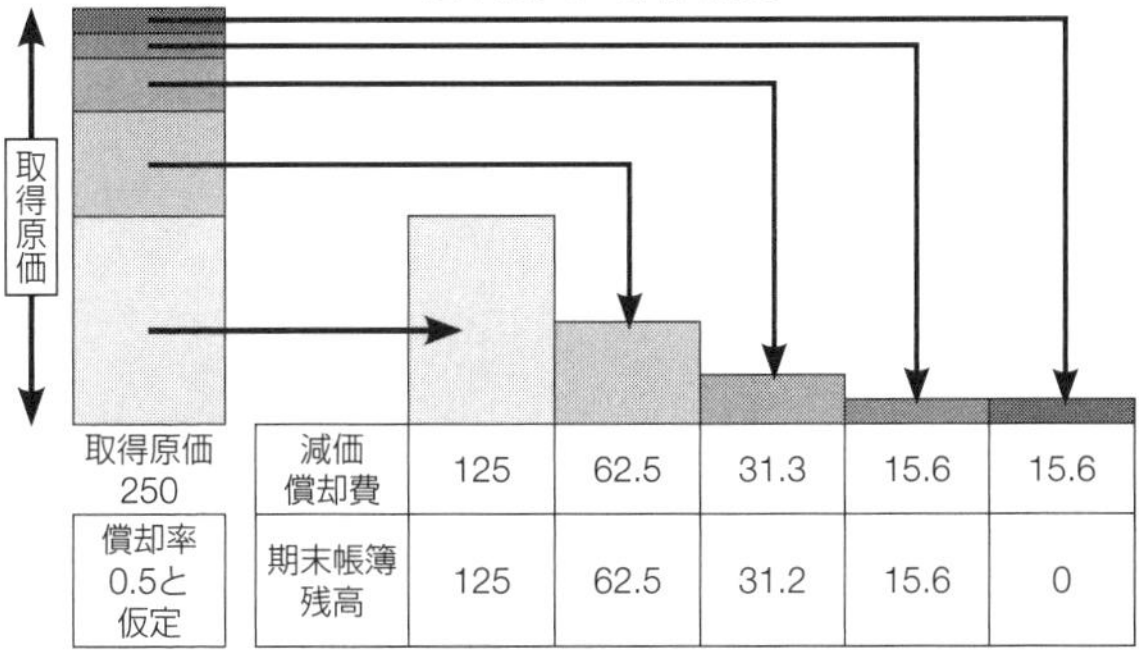

取得原価 250	減価償却費	125	62.5	31.3	15.6	15.6
償却率0.5と仮定	期末帳簿残高	125	62.5	31.2	15.6	0
		1年目	2年目	3年目	4年目	5年目 → 期間

減価償却費は徐々に減っていく。

注：固定資産の耐用年数を5年と仮定します。

期があるはずなので、「耐用年数に応じて徐々に減価していく」というのも仮定なのです。誰もが納得する減価のスピード・頻度・割合のモノサシが定められたとしたら、そちらのほうが妥当ということになります。

③減価償却費の計算方法も、仮定に満ちています。②の「耐用年数に応じて徐々に」という部分を、**毎年金額を一定にする「定額法」、減価する比率を一定にする「定率法」、生産高に応じて償却する「生産高比例法」**（対象の固定資産が限定されています）などの計算方法があります。建物は定額法、それ以外の有形固定資産は定率法と定額法のどちらか、無形固定資産は定額法が、税法上認められています。定率法は定額法に比べて早めに多額の償却ができる（図表14参照）ため、法定耐用年数の採用を前提とすると、業績のよい企業ほど定率法を選び、設備更新を早めにやりやすくする傾向があります。

独自に耐用年数を見積もっている上場会社は数多い

減価償却の方法は、日本の中小企業では法人税法の基準どおりに、建物は定額法、それ以外は定率法の採用が多く、海外の企業では定額法採用が多いです。日本経済が急成長期であれば定率法が相応しいのですが、ゼロあるいはマイナス成長期の現在では、すべて定額法が相応しいと言えるのかもしれません。

図表15 有形固定資産の減価償却の方法

会社名	連結		個別	
小松製作所	見積耐用年数に基づき、主として定率法。	平均償却率は、建物が約9%、機械装置他が約23%。	定率法	建物 5～50年、構築物 5～60年、機械及び装置 5～17年、工具・器具及び備品 2～15年。
パナソニック	主として定額法により、見積耐用年数に基づき算出している。	建物及び構築物 5～50年、機械装置及び備品2～10年。	技術革新に伴う資産の陳腐化に対応して、固定資産の種類別に合理的な耐用年数を設定し、定額法により償却している。	
トヨタ自動車	資産の区分、構造および用途等により見積もられた耐用年数に基づき、主として、当社および日本の子会社においては定率法、海外子会社においては定額法。		償却の方法は、定率法によっており、耐用年数、残存価額については、法人税法に定める基準と同一の基準を採用している。	
日産自動車	耐用年数を見積耐用年数、残存価額を実質的残存価額とする定額法を採用。		定額法	耐用年数は見積耐用年数、残存価額は実質的残存価額によっている（少額減価償却資産）。取得価額が10万円以上20万円未満の資産については、法人税法の規定に基づき、3年間で均等償却を行なっている。
セブン＆アイ・ホールディングス	当社および国内連結子会社（百貨店事業を除く）は定率法により、百貨店事業は主として定額法により、在外連結子会社は定額法。		定率法	
ファーストリテイリング	定額法	建物及び構築物 3～50年、器具備品及び運搬具 5年。	定額法	建物及び構築物 5～10年、器具備品 5年。
日本マクドナルドホールディングス	定額法	建物及び構築物 2～50年、機械及び装置 2～15年、工具・器具及び備品 2～20年。	定額法	建物 2～40年、構築物 2～50年、工具・器具及び備品 2～20年。
京セラ	見積耐用年数に基づき、主として定率法。	建物 2～50年、機械器具 2～20年。	定率法	建物・構築物 2～33年、機械及び装置・工具、器具及び備品 2～10年。
日本電産	当社及び国内子会社は主に定率法。これらの会社は短い製品サイクル及び急激な技術の変化により早期に設備の交換が行なわれる。海外子会社においては定額法。	見積耐用年数については、HDD用モータ工場の大部分は10～20年、他の製品の生産工場は7～47年、本社・販売事務所は50年、建物附属設備は2～22年、機械装置は2～15年。	定率法	ただし、1998年4月1日以降に取得した建物（建物附属設備を除く）については、定額法を採用。建物 3～50年、機械及び装置 2～9年。

注：決算期は、セブン＆アイ・ホールディングスが2011年2月期、ファーストリテイリングが2011年8月期、日本マクドナルドホールディングスが2010年12月期、その他は2011年3月期。
出所：各社の有価証券報告書

ただし、**法定された耐用年数ではなく、多くの上場会社が採用しているように「会社の有形固定資産の使用実態に合わせた見積耐用年数」で計算すべきだと思います。**これだと有税償却になり、多少早めに、そして多めに法人税を支払うことになりますが、その資産を除却・売却したときに多めに支払った税金分が戻ってくる計算になります。取得したときから通算すればほとんど損得はありません。あるとすれば金利相当分程度です。

前ページの図表15に示したように、上場会社はそれぞれ各社なりの有形固定資産の使用実態に合わせて、減価償却の方法を定めると同時に耐用年数を見積もっていることが分かります。

パナソニックは有形固定資産の減価償却について「技術革新に伴う資産の陳腐化に対応して、固定資産の種類別に合理的な耐用年数を設定し、定額法により償却」していますし、日本電産は「当社及び国内子会社は主に定率法」を採用しているとともに「これらの会社は短い製品サイクル及び急激な技術の変化により早期に設備の交換が行なわれる」という使用実態を明らかにしています。

とくに、日本電産の連結決算書では、HDD用モータ工場の大部分は10～20年、個別決算書では、機械及び装置について2～9年で償却しているという事例には驚かされます。

「法定耐用年数でのんびり償却していては競争に負けるので、独自の耐用年数で償却しているのだ！」という意気込みさえ感じます。

わが社でも耐用年数を独自に見積もってみる

というわけで、**元気の良い会社で、もし現在、法定耐用年数で償却しているところがあったら、会社の使用実態に合わせて独自の耐用年数に変更してみてはいかがでしょうか。**

先ほど述べたとおり、法人税法では原則として、建物については定額法、それ以外の有形固定資産については定率法と定額法のどちらかしか認められていません。したがって、今まで建物以外の有形固定資産を定額法で償却してきた会社があったとしたら、耐用年数の見積り短縮化と同時に、定率法への変更を検討してみてはいかがですか。

生産設備の海外移転や海外企業の買収によって定額法を使う海外の連結子会社が増えた大企業は、本社も国内子会社も定額法に変更するところが増えてきました（「日本経済新聞」2012年1月5日付朝刊）。欧米では定額法が大勢を占め、国際会計基準（IFRS）も国内外で会計処理方法を統一することを求めているためです。

ただし、1度採用した会計処理の方法を、正当な理由もなく変更するのは妥当でないとされているので注意が必要です。**都合のいいように何度もコロコロ変えるのではなく、少なくとも3年以上は同じ方法を継続採用すべきです。**

継続採用を求められているのは「利益操作を防止すること」と「過去の決算書と比較しやすくする」ためですが、景気が悪くなると設備投資が巨大な企業ほど定率法から定額法へ変更する例が増えるのも事実です。

もう過去の話ですが、日産自動車では2000年度に減価償却の方法を定率法から定額法へ変更しています。減価償却費は定率法を採用していたときよりも298億円減少し、定額法採用がその後のV字回復を下支えしたことは明白です。

6 貸し倒れの心配はないか？

売掛債権の管理部門はどこか？

決算書、とくに貸借対照表の科目のなかで現金預金、在庫（たな卸資産）と並んで重要なのは、売掛金、受取手形などの「売掛債権」です。現金で回収されるまでは未回収の債権なので、長期滞留すればするほど金利分だけ損をしていることになります。キャッシュフロー構造から見たら「回収はできるだけ早く、支払いはできるだけ遅く」が大原則です。

では、「あなたの会社で売掛債権の管理をしているのはどの部門ですか?」と尋ねたら、どんな答えが返ってくるでしょうか。「経理・財務部門です」という答えが多そうですね。実は、これではいけないのです。

経理・財務部門では貸し倒れした「後始末」はできますが、貸し倒れる前になんとか手を打つ「前始末《まえしまつ》」はできないからです。

前始末とは「予測して動く」とか「リスクを防止するために先に手を打つ」程度の意味ですが、ビジネス実務では非常に重要な概念です。

前始末はそんなにカネがかかりませんが、後始末のほうは関わる人と時間が多い分だけカネが圧倒的にかかります。

売掛債権だけを専任管理する部門があれば話は別ですが、**売掛債権に対して前始末ができるのは営業担当者しかありえません。自分が責任を持って得意先の与信をして売りを立てたのですから、回収し終わるまで自分で責任を持つべきです。**

100万円の貸し倒れをカバーするのに売上はいくら必要か

もし、前年度に売り上げた100万円の売掛金が相手先の倒産で回収できなかったとしたら、単純に100万円の損失(貸倒損失)でしょうか。

表面上はそうですが、当期中にこの損失を取り戻す（次の取引の利益で穴埋めする）にはどうすればよいでしょうか。仮に粗利率（売上高総利益率）が20％の会社だとしたら、100万円÷0・2＝500万円の売上が必要になります。

しかも、話はこれで終わりません。新規に500万円の取引ができて全額現金回収したとします。この分の利益は、どうなったか。先ほどの損失の穴埋めに利用されるだけで、会社全体の利益にはまったく寄与しません。

さらに、図表16を見てください。貸し倒れがない①のケースでは経常利益率は9％だったのに、貸倒損失を取り戻すために行なった取引を合算した④のケースでは8％に落ちています。**比率を元の9％に保つためには、当初より909万円多く売上を上げないといけないことが分かります。**相当に大変なことが理解できたでしょう。

あとで泣くより、信用の置けないところには売らない、つまり与信限度の管理をしっかりやることが大事なのです。

与信管理の大切さを分かっていない経営者が多い

今見たように、貸し倒れてしまったらその分を取り返すのは並大抵の苦労ではないので、まず大事なのは前始末、取引を開始する前に行なう「与信《よしん》管理」です。

図表16　売掛金の貸倒損失100万円を取り戻すには売上高はいくら必要か?

	① 当期（貸し倒れがないケース）		② 当期（貸し倒れがあったケース）		③ 貸倒損失を取り戻す取引		④ （②+③）		⑤ ①と同じ経常利益率を稼ぎ出すには	
	金額（万円）	比率（%）	金額（万円）	比率（%）	金額（万円）	比率（%）	金額（万円）	比率（%）	金額（万円）	比率（%）
売上高	5,000	100	5,000	100	500	100	5,500	100	5,909	100
売上原価	▲4,000	▲80	▲4,000	▲80	▲400	▲80	▲4,400	▲80	▲4,727	▲80
粗利益	1,000	20	1,000	20	100	20	1,100	20	1,182	20
販管費	▲550	▲11	▲550	▲11	−	−	▲550	▲10	▲550	▲9
営業利益	450	9	450	9	100	20	550	10	632	11
貸倒損失	−	−	▲100	▲2	−	−	▲100	▲2	▲100	▲2
経常利益	450	9	350	7	100	20	450	8	532	9

損失を完全に取り戻すには、
この経常利益率を等しくする必要があります。

売掛金100万円の貸し倒れがあった場合、その損失を取り戻すには売上高500万円を上げなくてはなりません（③）。しかし、そこまででは貸し倒れがなかったケース（①）と比較すると、経常利益は同じですが、経常利益率は下がっています。これも取り戻そうとすると⑤のように、909万円の売上を上げないといけないことになります。被害は甚大なのです。

まずは現金取引から始めて、徐々に取引量が増えていきどこかのタイミングで掛け取引に変更し、回収条件を改めて決めます。そのときにいくらの金額まで売ってもよいか、を決めるのが「与信」という行為です。**文字どおり「信用を与える」のです。得意先から経営状況を聞き出すだけではなく、信用調査機関から信用判定情報を得ることも必要でしょう。**

中小企業では与信管理を行なっているところは非常に少なく、中堅企業でも徹底しているところは意外に少ないです。与信管理の重要性を分かっている経営者が少ないとも言えます。

「与信だかなんだかヘンなことをする前に、お客に何とか買ってもらうほうが先だろう」などと仰る経営者の声が聞こえますが、あとで泣きをみるのはあなたです。連鎖倒産はいつ何時起きるか分かりません。相手が上場企業であっても、しっかりと与信管理をするべきです。

貸し倒れを防ぐために債権管理でやっておくべきこと

取引条件を決め、与信管理をすればそれでよいわけではなく、期日どおり入金して初めて債権管理が終了するのです。制度を作ったら、それをしっかり運用することにも力を入れてください。以下に、留意点を述べます。

a．得意先の営業状況を常につかんでおく。得意先にしょっちゅう顔を出すことも時には必要です。

b．与信限度をオーバーしたら、その時点で、出荷停止するかどうかを判断する。停止しないと判断した場合にはその理由を記録し、その後の回収状況によって与信限度額を改定する。

c．得意先の営業状況の情報を常に受注・出荷部署に共有しておく。

d．倒産しそうなどの風説を聞いたら、信用調査機関や金融機関から情報を取得する。

e．倒産したらすぐに出荷が止められるようにしておく。

何度も申し上げますが、実務では前始末が重要です。前始末にはカネがかかりませんが、後始末のほうは関わる人と時間が多い分だけカネがかかります。貸し倒れを防ぐには前始末が一番有効です。

第4章

強い会社をつくる
タコメーターの魔術

1 経営指標は「会社のカルテ」

同業他社比較や自社決算書の連年分析で分かること

人の身体の場合、健康診断の結果は指標（数値）で示されます。標準値の範囲を超えると単純に「異常値」と決められてしまい、症状が出ていれば納得するかもしれませんが、症状が出ていない場合には「○○症の疑いにつき経過観察」ということになります。気持ちが悪いだけです。

実際のところ、身長、体重、内臓脂肪の量、仕事のタイプ・運動量・喫煙・飲酒などの生活習慣の違いなどによって、診断数値には個人差が出ます。本来、ここからここまでが標準値と決めるのは難しいはずです。

会社の経営状況を診断する経営分析の指標もこれと同じで、「××比率が○○％を超えたら異常値」と一概に判断するのは難しいのです。しかし、①**「同業他社との比較分析」**と、②**「自社の決算書の連年分析」によって、収益性や成長性などのある程度の傾向値を**

分析することは可能ですし、非常に意味のあることです。

①「同業他社との比較分析」では、東京都産業労働局の調査報告書が役に立ちます。「東京都中小企業業種別経営動向調査報告書」と言い、東京都のホームページで毎年公開されています。これは東京都内の中小企業の経営実態を、直近の決算書を分析して明らかにしているもので、１０３の業種別に収益性、生産性、安全性等に関する財務指標を算出しています。

２００５年度までは中小企業庁でも業種別の経営分析指標を公表していましたが、現在は決算書の集計のみに留まっています。経営分析するだけの予算がつかなかったのか、事業仕分けされてしまったとか…。ちなみに、過去の分析結果は今でもホームページ上で公開されています。

②「自社の決算書の連年分析」は、たとえば決算書を表計算ソフトで5年間連続して横に並べてみて、各勘定科目の増減を分析してみましょう。

売上高、売上原価、粗利（売上総利益）、販売費及び一般管理費、営業利益、経常利益などの損益計算書の科目から、現金預金、売掛金、たな卸資産、有形固定資産、買掛金、借入金（長期および短期）、純資産、総資産などの貸借対照表の科目まで、横に並べて増減の推移を見ていくだけでいろんなことが分かってきます。

名称と単位	式	意味など	良い比率の目安	良い方向は？
総資産回転率（回）	売上高÷総資産	少ない総資産（総資本）で、より多くの売上高を稼ぎ出すほど効率的なことはありません。この比率が高く、高回転をすればするほど、投下した資本の効率性が高いことを表します。固定資産を持つか持たないか、または業種によって数値が大きく異なります。	1.2回以上	数値大
売上高伸び率（%）	売上増加高÷前期売上高	将来にわたって成長しつづける会社の判定は難しいですが、少なくとも10%以上の売上高の伸びが3年以上続くと本物という感じがします。ですが、総資産も同じように増加していくのは危険な兆候です。売上高の伸び率以下に押さえるのが賢明です。	10%以上	数値大
経常利益伸び率（%）	経常利益増加高÷前期経常利益	売上高伸び率だけでなく、この経常利益伸び率も成長性の大きな判断要素となります。基本的な損益構造のなかでどこまで売上高経常利益率が伸ばせるかが勝負です！	10%以上	数値大
1株当たり当期利益（円）	当期利益÷発行済み株式数	すでに発行されている株式総数で税引後当期利益を割ったらどのくらいの金額になるかの指標です。発行株数によって差があるので一概に目安を示せません。上場会社では、この金額が株価と比べてどの程度高いか（PERという指標）、というのが投資するかどうかの判断材料となります。	100円～数百円以上	数値大
1株当たり純資産（円）	自己資本÷発行済み株式数	会社がいま解散して、株主に財産を分配したとしたら、1株当たりいくらになるかを示します。自分が当初出資した金額と比べれば、損得は明白です。目安の250円は当初発行価額（今は額面という概念はありません）50円の5倍です。これも発行株数によって差があるので一概に言えませんので念のため。	250円～数千円以上	数値大

図表17 ぜひ覚えておきたい12種類の経営分析指標

名称と単位	式	意味など	良い比率の目安	良い方向は？
流動比率（%）	流動資産÷流動負債×100	現金預金や1年以内に現金化するはずの流動資産を、1年以内にすべて支払う流動負債で割るので、100%以下という結果が出たら、完全に資金ショートしていることになります。逆に200%以上あれば、財務上の優良会社ということになります。	140%以上	数値大
固定長期適合率（%）	固定資産÷（固定負債+自己資本）×100	固定資産を自己資本の範囲内でまかなえている会社は問題ありませんが、少なくとも長期借入金や社債などの固定負債を足した金額の範囲内での設備投資（この比率で100%以下）が望まれます。	100%以下	数値小
売上債権回転期間（ヵ月）	（売掛金＋受取手形）÷1ヵ月平均売上高	何ヵ月分の売上高に対応する債権が残っているかを示します。債権ごとに年齢調べをして、長期滞留しないように管理をすべきです。回収条件よりも回収が遅くなったらただちに販売を止める仕組みも必要です。	3ヵ月以内	数値小
在庫回転期間（ヵ月）	棚卸資産÷1ヵ月平均売上高	何ヵ月分の売上高に対応する在庫があるかを示します。メーカーでは、分母に売上高ではなく売上原価を用いるケースもあります。在庫は多いほど、お金が寝ていることになり、できれば無在庫物流が実現できれば最高です。	0.5ヵ月〜1ヵ月	数値小
総資本当期利益率（%）	当期利益÷総資本	借入れなどの負債も含めた全財産をかけて、税引後でいくら儲けたかを示します。あまり低いと、営業を止め、別の高利回りのものへ転換すべきということになります。現実にはそううまくいきませんが。	1%以上	数値大
売上高経常利益率（%）	経常利益÷売上高	絶えず原価率の見直し・削減、売上高販管費比率の改善、金融収支の改善などに取り組んでいれば、この比率は向上するはずです。売上至上主義ではなく、利益率も大事にしましょう。	3%以上	数値大
自己資本比率（%）	自己資本÷総資本	利息を支払う必要のある借入金や社債（いわゆる有利子負債）を多く抱えるのではなく、株主が出資したり、利益の集積である自己資本が総資産のなかで多いほど良いというのは自明の理です。支払利息は有無を言わせませんが、配当金は調節可能ですから。	30%以上	数値大

「この年度は、主要な事業部門で原価割れした仕事が多く発生したために粗利が落ち、前期比で減収減益になったが、次の年は売上微増だったものの○○等のコストダウンに成功して増益となった」など、自社の経営実態を客観的に分析し記録しておくことは今後の経営にとって有効です。

必ず覚えておきたい12種類の指標

先ほどの東京都の調査報告書もそうですが、一般的・教科書的な経営分析の指標を使って対象会社の経営分析をしています。

これには、総資本（総資産）当期利益率、自己資本（株主資本）利益率、自己資本比率、総資産（総資本）回転率、売上高伸び率、経常利益伸び率、１株当たり当期利益、１株当たり純資産、流動比率、固定長期適合率、売上債権回転期間、在庫回転期間、売上高経常利益率などがあり、それ以外にも経営分析の専門書にはかなり多く掲載されています。

読者の皆さんには、図表17に掲げた12種類の指標について、算式の意味と比率の目安までを含めて覚えておくことをお勧めします。絶対に損にはなりません。ただし、比率の目安は、業種によって多少の差があるので、あくまでも参考値として見ておいてください。

また、ここには掲げていませんが、損益分岐点についても重要なので改めて述べます。

2 投下した資本は効率的に利益を生んでいるか？

財務分析で大事なのは「総資本利益率」と「総資産回転率」

当期利益を総資本（総資産）で割った「総資本当期利益率」と売上高を総資産で割った「総資産回転率」は、経営分析のなかでも基本中の基本です。

「総資本当期利益率」は、数値が高ければ高いほど、少ない投下資本で多くの利益を稼いでいるということを示しています。この比率はROA（Return On Asset）と呼ばれ、ROE（Return On Equity＝株主資本利益率）とともに、新聞・雑誌・書籍によく登場します。この2つの指標を「ROA5％、ROE12％」などと経営目標に掲げている企業もあります。

「総資産回転率」は、数値が高ければ高いほど、少ない投下資本で多くの売上高を上げていることを示しています。計算結果が「2回転」と算出されれば、投下した総資産が年間2回転するような売上高を上げた、ということになります。

「売上高伸び率」と「総資産伸び率」の関係を見る

この2つの指標は密接に関わりがあり、「総資本当期利益率」を展開するとこのようになります。

「総資本当期利益率」＝「総資産回転率」×「売上高当期利益率」

つまり、**総資本当期利益率（ROA）は総資産回転率と売上高当期利益率を掛け合わせたものなので、総資本当期利益率を上げるためには、総資産回転率と売上高当期利益率を高めればよいということになります。**

会社開業時の自己資本や銀行借入金、買掛債務などを含めて経営に投下したすべての資金（総資産）が、在庫や固定資産などのいろんな形の資産に化け、それが元手となって売上を上げ、利益を出しています。資金の運用効率が悪いと、これら3つの指標は悪く表示されます。数字は正直です。結果数字の毎年の推移を見るだけで、どれだけ経営努力してきたか、その成果が分かります。

これらの3つの指標も非常に大事ですが、企業の分析をするときに僕がいつも気にしている指標が別にあります。

それは「売上高伸び率」と「総資産伸び率」との関係です。**売上高の伸び以上に総資産、とくに借入金が増えていたら、経営状態は要注意！なのです。**売上・利益の伸び率よりも

｜図表18｜総資本利益率は総資産回転率と売上高利益率を掛けたもの

経営指標	総資本当期利益率		総資産回転率		売上高当期利益率
算式	当期利益 / 総資本（総資産）	＝	売上高 / 総資産	×	当期利益 / 売上高
単位	%		回		%
ファーストリテイリング 2011年8月期 （単位：百万円）	54,354 / 533,777	＝	820,349 / 533,777	×	54,354 / 820,349
	10.18%		1.54		6.63%
トヨタ自動車 2011年3月期 （単位：百万円）	408,183 / 29,818,166	＝	18,993,688 / 29,818,166	×	408,183 / 18,993,688
	1.37%		0.64		2.15%
コシダカホールディングス 2011年8月期 （単位：千円）	2,877,514 / 18,454,908	＝	29,093,573 / 18,454,908	×	2,877,514 / 29,093,573
	15.59%		1.58		9.89%

◆ファーストリテイリング（ユニクロ）とコシダカホールディングスはトヨタ自動車に比べて総資産回転率が高いので、利益率が高いうえに、総資産の投資効率が高いと言えます。トヨタ自動車は、工場などの固定資産を自前で持っているため総投資額は多くなり、必然的に総資産回転率は低くなります。一方、ファーストリテイリングは店舗等も賃借し、持たざる経営をしているため総投資額は少なくなり、総資産回転率は高くなります。コシダカホールディングスもカラオケ店などを主に居抜き出店方式で出店し賃借契約しているため、総投資額は軽くなり、総資産回転率は高くなっています。

総資産の伸び率が大きい場合は資金（資産）の運用効率が悪いと言えますし、なかでも借入金の伸び率が大きいのは経営上相当に問題です。借入金は利子というコストがかかります。図体ばかりが大きくなって、小回りが利かず、大企業病を患って利益が出ない倒産寸前の会社を想像させます。

売上高伸び率 ＜ 総資産伸び率 ↓ 危険！

3 損益分岐点を見れば一番ムダなものが分かる

損益分岐点はこうして計算する

損益分岐点とは、費用（変動費＋固定費）と売上高が均衡して、ちょうど損益がゼロになる売上高のことです。文字どおり「損と益が分岐する点（売上高）」という意味です。自社の基本的な損益構造のカギになるものなので、ぜひとも知っておきたい指標です。

最初にやらなくてはいけないのは、売上を上げるためのすべての費用を、「固定費」と「変動費」に無理やり区分することです。売上の変化に応じて変動するのが変動費、売上

図表19 あなたの会社の損益分岐点を計算しよう

a 損益分岐点とは？

費用（変動費＋固定費）と売上高が均衡して、ちょうど損益がゼロになる売上高のこと。

b 算式は？

$$\frac{\text{固定費}}{1-\dfrac{\text{変動費}}{\text{売上高}}}$$

c あなたの会社の損益分岐点は？

まずは、前期決算書のすべての費用（売上原価＋販売費・管理費）を変動費と固定費に分けてみる。

①変動費 ＝ ［　　］　②固定費 ＝ ［　　］

③売上高 ＝ ［　　］

$$\text{損益分岐点}=\frac{②}{1-\dfrac{①}{③}}$$

d 目標利益がある場合、それを達成する売上高は？

④目標利益 ＝ ［　　］

$$\text{目標利益を達成する売上高}=\frac{②+④}{1-\dfrac{①}{③}}$$

が上がろうが上がるまいがゼロでも発生するのが固定費です。

前章で多少触れましたが、売上原価はほとんどが変動費です。販売費及び一般管理費の多くは固定費ですが、変動費が含まれるので多少粗っぽい判断になっても適当に区別しなくてはいけません。販売手数料・クレジット手数料、包装費、荷造運賃など売上に伴って発生（変動）する経費は変動費です。

人件費のうち正社員の人件費や役員報酬は全額が固定費ですが、アルバイト人件費は変動費と考えたほうがよいでしょう。１００％変動費ではないにしても、自社の勤務実態（シフト）に応じて7割が変動費とか、半分程度とか、と割り切って決めます。

損益分岐点を算出するには、固定費を限界利益率（1から変動費比率を引いた数値です）で割ります。つまり分子は固定費、分母が1から変動比率（変動費÷売上高）を引いた数値になります。

目標利益を決めている場合には、分子の固定費にその目標利益を足して計算すれば、目標利益を達成するための売上高（損益分岐点）が算出できます。

損益分岐点を低くする5つの方法

あなたの会社の損益分岐点が算出できたところで、次はどうするか。損益分岐点を低くすればするほど利益が出るということなので、低くする方法を考えればよいわけです。

①固定費を削減する
②限界利益率を上げる＝変動費比率を下げる
③変動費を削減する
④売値を上げる
⑤売上数量を増やす

「当たり前のことばかりだ」と怒られそうですが、この5つがそれです。現実に実行するのは難しいですが、それぞれの項目を1つずつ地道に検討し、確実に実施していくことが大切です。⑤は、売上数量を増やしても損益分岐点は変わりませんが、利益を上げる方法としてあえて入れました。

①では地代家賃の引き下げ交渉、低い家賃の場所への移転、賃借面積縮小、役員報酬のカット、リース物件の縮小など、②と③では製品の製造方法の変更や仕様変更、原材料の変更、原材料の購買ロットを増やして価格低減させる、メーカーとの原価引き下げ交渉を通した原価削減、クレジット手数料の引き下げ交渉、運送会社の集約と運賃引き下げ交渉、

パート・アルバイトのシフト制を精緻化する（売上高に比例させるべく勤務時間を日々調整する）など。まだまだあるはずです。

④は、デフレの時代に何をバカな、と言われそうですが、製品・商品の価値＝品質（色・柄・形・デザイン・原材料など）を上げて消費者を納得させられれば売値を上げられるはずです。実行不可能なことはないと思います。第5章で述べる日本マクドナルドは良い実例です。また従来品であっても、売値を上げるものと下げるものを作ってメリハリをつけ、それらをミックスした結果として全体の売上平均単価を上げるということでも可能です。

⑤の売上数量を増やす工夫も、セット販売や割引販売など販売方法しだいではいろいろあると思います。次の項で説明するラーメン屋さんであれば、ラーメンの上にのせるトッピングを増やしたり、餃子やシュウマイなどの追加の単品をメニュー化して、適切な価格で美味しければ売上数量は確実に増えます。

究極は、固定費をゼロに近づけ、多くの費用を変動費化して、変動費もコストダウンしつつ変動費比率を低くできればよいわけです。

こう考えると、真っ先に思い浮かぶのは「人件費の変動費化」です。

パート・アルバイトを多用するとか業務自体をアウトソーシング（外部委託）するのは、

よく用いられる方法です。一方、生活を長期的に守らなければいけないので正社員の給与手当・社会保険料等の変動費化は難しいですが、本来、人件費のなかで何よりも変動費化すべきものは役員報酬だと思います。

社員には実力主義による成果配分を説いておきながら、経営者自らの報酬支払い基準が論理的ではない「固定報酬」ではいけません。役員報酬をすべて毎月の売上高比例給与にできればよいのですが、税務上の取り扱いがあってダメです。税法上は、利益操作に使われるのを防止する意味で、役員報酬を毎月一定の固定費と見なしていて、変動して飛び出した部分については役員賞与認定され利益に加算される、つまり有税になってしまいます（一定の条件を満たせば無税の場合もありますが、限定的です）。法制度が変わればよいのですが、難しそうです。

ラーメン店は1日何杯販売すると儲かるのか？

仕事柄、どの飲食店に食事に入っても、「このお店はどのくらいの売上なのか」「お客はいったい何回転ぐらいするのだろうか」「儲かっているか」などと、ついつい考えてしまいます。お酒が入ると、そのうち忘れてしまいますが…。

さてここで、身近な例として、ラーメン店の損益分岐点について考えてみましょう。

飲食業のなかでラーメン店は比較的開業しやすいですが、店舗数も多く激しい競争をしています。他店との差別化を図って、リピーターを増やし、繁盛店になるように努力をし続けなければなりません。

今、仮に月坪売上（1坪当たり月次売上高のこと。第5章で触れます）が16万円、店舗面積は15坪で、全部で25席あるとします。

年間売上高2880万円、売上原価920万円、人件費1050万円、家賃240万円、減価償却費とリース料290万円、その他諸経費300万円。この損益構造で80万円の利益が出ています。税金を払ったらわずかしか利益は残りませんね。

図表20のとおり固定費と変動費を区分して計算すると、このラーメン店の損益分岐点は年間2729万円と算出できます。月平均にすると227万円です。

この数字は、この店の平均客単価である800円のラーメンを、月々2843杯（2729万円÷12ヵ月÷800円）売ると達成できますが、それ以下だと利益が出ません。**月27日間営業とすると、1日当たり105杯以上売る必要があります。**これなら目標設定がしやすいです。

店の立地、曜日や時間帯によっても客の入りは異なるでしょうし、単価の高いラーメンや酒類が多く出た日は、いつもより早めに損益分岐点を超えることでしょう。**開業から1**

図表20 ラーメン店の損益分岐点を考える

	年間（万円）	構成比（%）	変動費（万円）	固定費（万円）
売上高	2,880	100		
売上原価（材料費）	920	32	920	0
粗利益	1,960	68		
人件費	1,050	36	400	650
家賃	240	8	0	240
減価償却費とリース料	290	10	0	290
その他経費	300	10	30	270
販管費合計	1,880	65		
営業利益	80	3		
変動費　合計			1,350 ①	
固定費　合計				1,450 ②

$$\text{損益分岐点の売上高} = \frac{②}{1 - ① \div \text{売上高}} = \frac{1{,}450}{1\text{-}1{,}350 \div 2{,}880} = 2{,}729\text{万円}$$

月平均 227万円 → 800円のラーメン何杯分か？

月平均 2,843杯 → 月27日営業と仮定して1日何杯分か？

1日105杯以上売れば利益が出る!!

年経った時点で、それから1年後、2年後までの毎月、毎週、毎日の目標売上高を作ってみて、実績値と比較してみましょう。きっとやる気が出ます。

4 あなたの会社のタコメーターを作る

自社ならではの経営指標を1枚にまとめる

大企業では月に1度、役員会のときに月次決算の報告をします。中堅・中小企業でも予算と月次決算の実績値を比較して、差異の分析まで行なっているところもあります。それに加え、**先ほどの経営分析指標のなかから自社の経営指標として役立ちそうなものを選び、月次決算報告書のなかにそれを含めて報告したらどうでしょうか。**毎月の指標の変化を追っていくと、いろんなものが見えてきます。

具体的に言うと、月次と累計の予算実績比較分析の資料、キャッシュフロー計算書あるいは資金繰り実績表と資金繰り予定表、経営分析指標に加え、「受注高」「操業度」「歩留り率」「来店客数」「顧客からの苦情件数」「ROE（自己資本利益率）」「契約数」「品切れ

図表21 | あなたの会社のタコメーターを作ろう

レーダーチャート

①資本効率　総資本当期利益率　8%
②収益性　売上高経常利益率　7%
③成長性　売上高伸び率　▲5%
④流動性　流動比率　160%
⑤健全性　自己資本比率　55%
⑥安定性　当期利益伸び率　▲11%

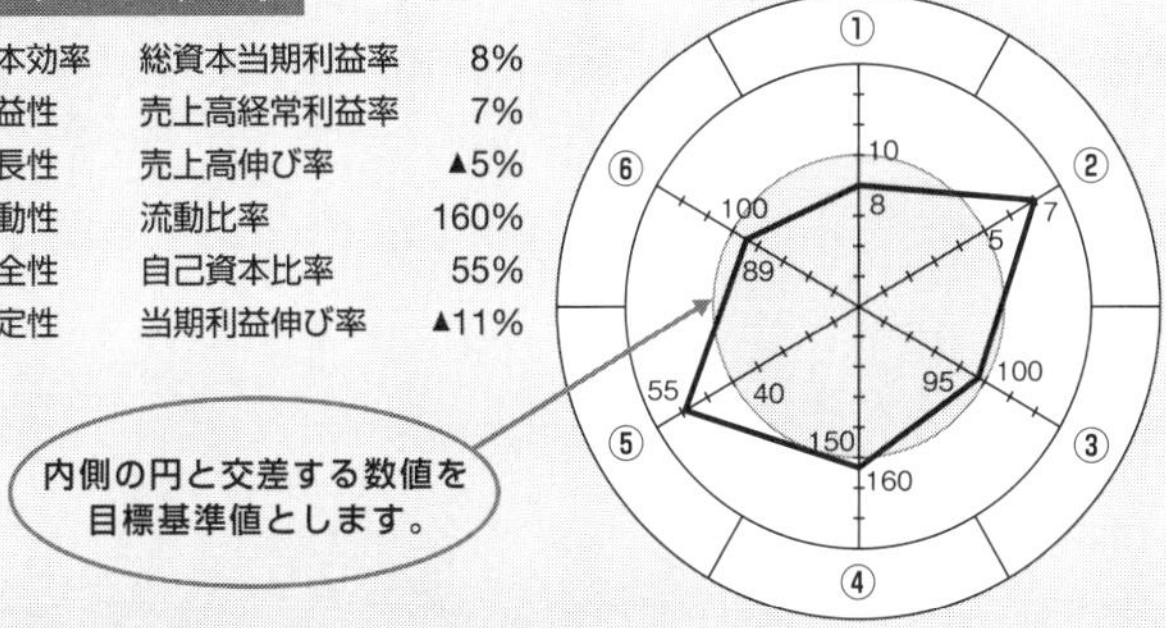

マネジメントダッシュボードのイメージ

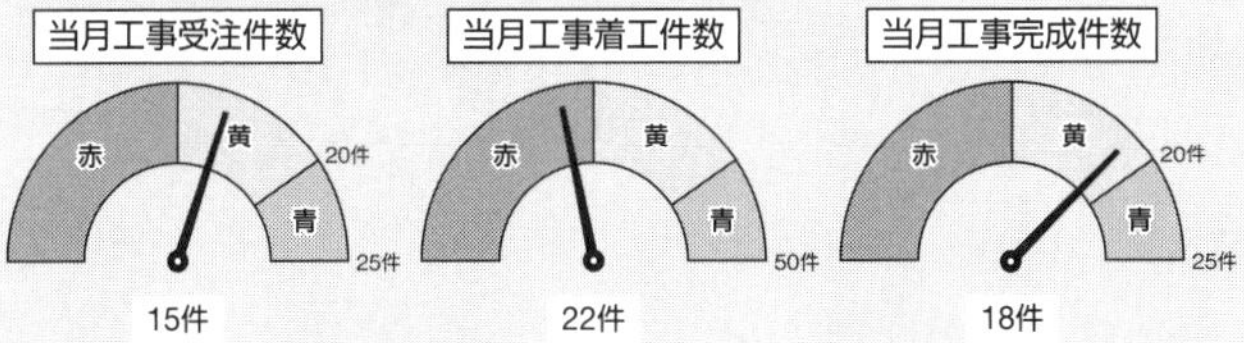

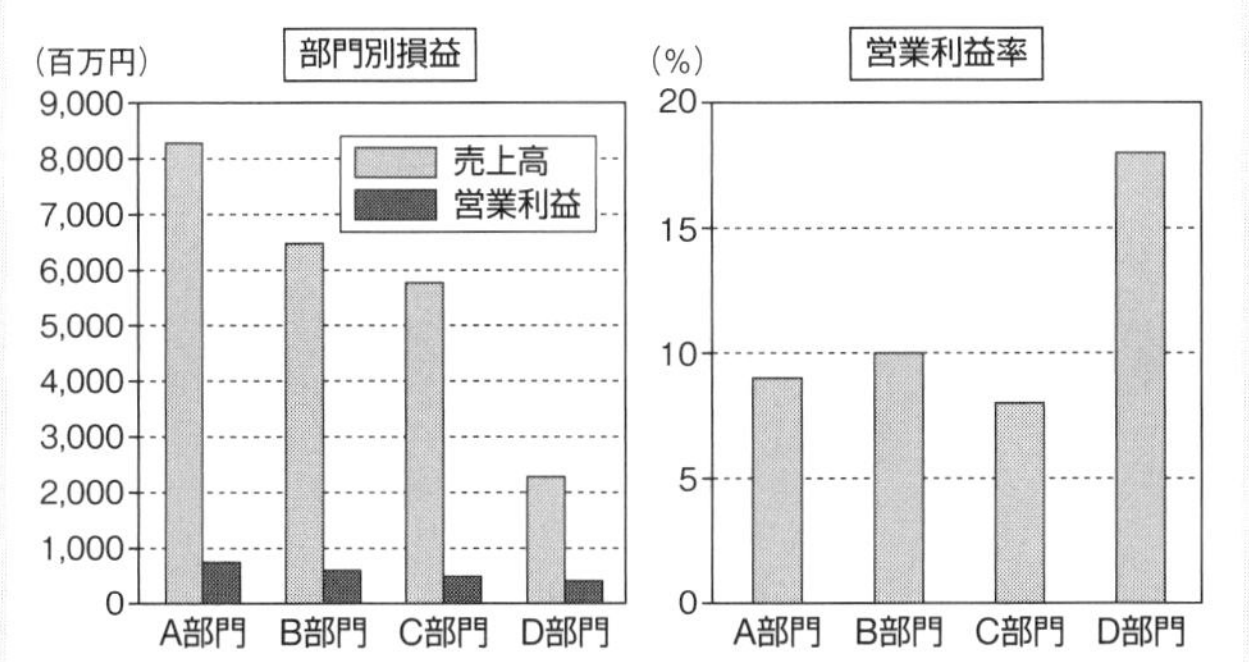

率」「オペレーティングキャッシュフロー（営業キャッシュフロー）」などの自社の経営にとって重要な指標を、スピードメーターのような円形のグラフに置き換え、誰にでも理解しやすいシグナルや注意信号として、役員会報告資料を作ってみてはいかがですか。これが、あなたの会社のタコメーターになります。

経営者は常にこのタコメーターを見ながら、スピードを上げたり、ブレーキをかけたり、ハンドルを切ったりします。この資料は何枚も作る必要はありません。できれば1枚にまとめるべきです。枚数が多いと頭に入りません。先ほど述べた12種類の経営分析指標から6種類程度を選んで、レーダーチャートにしてみるのもよいと思います。

この種の月次報告資料は経営者向けの経営羅針盤として、「マネジメントダッシュボード」とか「マネジメントコックピット」などの名称で、多くのＩＴベンダーから情報システムのアウトプット帳票として商品化されています。

優れた会社は独自の注目指標（ＫＰＩ）を持っている

成長を続けている企業は、予算と実績との対比や、一般的な経営分析指標のみならず、**独自の経営指標や目標数字を持っています。**業績評価指標としてＫＰＩ（Key Performance Indicators）の分析も行なっています。経営に活かす注目指標を進化の道具にしているのです。

月次決算ごとに、損益計算書の勘定科目ごとの評価、たとえば売上高や利益が予算より高かったか、既存店売上高の前期比較は100％を超えたか、粗利益率（正確には売上高総利益率）は前月より上がったか、などを見ていきます。**もちろん、キャッシュフロー（現金収支）のチェックも欠かせません。実績値は資金繰り実績表で、翌月以降の予定値は資金繰り予定表で、それぞれ収支に異常がないことを確認します。**

これらとは別に、受注型企業であれば引き合い案件数、提案書提出件数、新規顧客獲得（契約）数、受注残（件数、金額）などの業務プロセス別のＫＰＩを決めて一定期間ごとにチェックし、仕事の進捗率や効率を測っていきます。

たとえば営業の進捗率では、①「相手先訪問」から始まって、②「相手先キーマンと接触し詳細を説明」、③「相手先好感触で審議検討中」、④「契約」などと、4つか5つ程度にプロセスを区分して、営業マン全員の得意先ごとの進捗度を、それぞれどの段階にいるのか目で見えるようにします。図表にすれば一目瞭然です。

業種によって若干異なりますが、優れた会社が採用している重要指標の実例は次のとおりです。

①チェーン展開する小売業…1ヵ月の売上高が1000万円、売場面積が50坪であれば、「月坪効率」（毎月の売上高を売場面積で割り、売場面積の効率を見る指標）は20万円／坪となります。月坪効率は毎月の変動を注視していくのが大切ですが、他店舗や自店の前年度との比較も重要です。小売業の専門月刊誌には実際の例が掲載されていることがあるので参考になります。良品計画（東証1部上場）は毎決算時に「無印良品」直営店について、売場面積1㎡当たり月平均売上高、従業員1人当たり月平均売上高、売場面積1㎡当たり平均在高（平均在庫金額）、1人当たり売場面積を「データブック」として公表しています（図表22）。

②小売業…売上高営業利益率を8％とするためには、「粗利人件費比率（人件費÷粗利）は25％以内に留める」ことと「粗利地代家賃比率（地代家賃÷粗利）は15％以内とする」を目安としている会社があります。

③小売業全般…既存店売上高の前年同月比、従業員1人当たり売上高、商品部門別損益が重要視されています。既存店売上高の前年同月比は、新店オープンしてから1年以上経過してお客様になお支持されているかどうか、少なくとも100％（前年と同額）以上稼いでいるかが重要な点です。商品部門別損益は、部門ごとに利益率が異なるとすると、その主因ごとに施策の打ち方を変える必要がありますし、赤字部門が出

│図表22│良品計画と帝国ホテルの指標

◆良品計画「無印良品」直営店の単位当たり売上高

			2010年2月期	前期比（%）	2011年2月期	前期比（%）
	売上高	百万円	102,551	101.2	105,171	102.6
1㎡当たり売上高	売場面積（期中平均）	㎡	161,323	106.6	174,219	108.0
	1㎡当たり月平均売上高	千円	53.0	94.9	50.3	94.9
1人当たり売上高	店舗従業員数（期中平均）	人	3,854	102.5	4,171	108.2
	1人当たり月平均売上高	千円	2,217	98.7	2,101	94.8
1㎡当たり在高	在高（期中平均）	百万円	7,095	112.1	7,321	103.2
	1㎡当たり月平均在高	千円	44.0	105.2	42.0	95.5
1人当たり売場面積	店舗従業員数（期中平均）	人	3,854	102.5	4,171	108.2
	1人当たり売場面積	㎡	41.9	103.9	41.8	99.7

「1㎡当たり」や「1人当たり」で売上高や売場面積の指標を出して過年度と比較すると、効率がどう変化しているか分かりますね。

◆帝国ホテル本社の事業所収容能力等の公表指標

項目	2010年3月期				2011年3月期			
	収容能力	収容実績	利用率	1日平均	収容能力	収容実績	利用率	1日平均
客室	340,457室	244,295室	71.8%	669室	339,815室	257,699室	75.8%	706室
食堂	451,505名	1,429,035名	3.2回転	3,915名	451,505名	1,431,279名	3.2回転	3,921名
宴会	1,368,750名	602,783名	0.4回転	1,651名	1,368,750名	627,677名	0.5回転	1,720名
委託食堂	200,385名	230,174名	1.1回転	631名	200,854名	231,854名	1.2回転	635名

出所：良品計画の平成23年2月期データブック、帝国ホテルの有価証券報告書

てくれば廃止の検討も必要になります。

④**メーカー**…適正な工程別原価の把握とそれに基づく製品別原価計算ができていることが前提です。そのうえで、ライン別1時間当たり製造個数が重視されています。

⑤**倉庫業**…出荷伝票1枚当たり作業時間だけでなく、出荷伝票1行当たり作業時間も算出して効率性を判断します。

⑥**物流業**…1個口当たりの物流コストを月次ベースで算出し、比較分析します。1個口の数値も、L・M・Sなど大きさが違うものごとに区別して算出できればなおよいです。

⑦**不動産業**…年間では従業員1人当たりの営業利益か成約件数が大切ですが、月次では社員ごとに顧客別の簡易な工程表で進捗状況を評価することができます。

⑧**ソフトウエアハウス**…年間では従業員1人当たり売上高が、他社比較で重要な指標です。経営コンサルタント業と同様に、人件費の何倍の売上高が計上されているかも重要です。従業員1人ひとりが、数名のチームで何ヵ月間にいくらの契約（売上高）の仕事を請け負っているかが分かるので、いわゆる「給与の3倍稼げるか？」「給与の何倍稼がないと食えないか？」という辛い疑問文がぴったりの業種です。

⑨**通信販売業**…当月新規契約者数、1契約者当たりの購買単価、月々の請求書発行枚数、

請求書1枚当たりの平均販売単価など、数多くの指標で顧客動向をつかんでいます。

⑩**ホテル、旅館、飲食店など…**客室や食堂の収容能力は、工場の操業度と同じように重要なすべての元になる指標です。食堂の収容能力が年間3万人（120席×営業日数250日）として、収容実績9万人だとすると、利用率は3回転ということになります。利用率が何回転を超えると黒字になるか、大事な指標です。帝国ホテル（東証2部上場）のように「A．客室の収容能力、収容実績、利用率、1日平均　B．食堂の収容能力、収容実績、利用率、1日平均」を有価証券報告書で公表している企業もあるので、参考にしてください（図表22参照）。

⑪**業種を問わずに分析指標として重要なのは、月次売上高の分解です。**売上高＝単価×客数ですから、月次ベースで商品品種別あるいは店舗別に、前年同期比較でチェックします。不特定多数の顧客を相手にする外食チェーンなどのようなケースはそこまでですが、同一顧客（お得意様）が大半であれば、新規顧客獲得件数やその売上高の推移は重要ですし、既存顧客を階層別に分解して、Aランク（上得意様）は今月何回注文が来て平均単価はいくら、といったような分析ができます。

数値の変化を見て、どんな手を打つか考える

これらはあくまで事例なので、すべての業種・業態に適用できるわけではありません。これらをヒントに自社にあてはめるべく独自で指標を作ってみてください。単純に売上高やコスト（売上原価と営業経費）を来客1人当たり、1顧客当たり、1地域（1拠点）当たり、地域人口1000人当たり、営業マン1人当たりなどで割り算するだけでも意味のある数値を発見できます。

ただし、**重要指標を作ってそれで終わりではダメです。作った意味がありません。それぞれの指標の分析結果を見て、どのような手を打つか考えなければいけません。**

たとえば「売上高は前年同月とほぼ同じ99・5％だが、客数が10・5％減った」という場合には、客数が減ったというだけで経営状態は黄色信号です。相当に危険視して、売上を上げるべく対処しなくてはなりません。

入店客数は前年と変わらなかったが購買客数が減った、つまり入店してくれたが商品を買ってくれなかった（もしそうなら商品そのものの失敗と考えられます）のか、当月たまたま単価が高い商品が売れたからなのか（ヒット商品が出たのなら、品切れしていたかもしれません。品切れを防げたらもっと売れていたはずです）、新規顧客が減ったからなのか、それらはいったいなぜかを分析します。そしてすぐに、陳列方法を変える、扱い商品

を増やす（逆に、スッキリと減らしてみる。あるいは別の商品群に入れ替える）、キャンペーンを行なう、販促方法を変える、などの施策を実行します。それらの実行結果を見て、また次の手を打ちます。

このように業績を分析するための数値を設定し、その数値の変化を見て、また実行する。これらの繰り返しが経営の要諦だと思います。

5 企業のライフサイクルごとに優先課題は変わる

企業は生きている

企業は生き物です。生まれてから成長し始め、やがて成熟していきます。人間は死にますが、企業は単なる生き物とは違い、強い経営を続けることによって永続することができます。

起業したばかりの**「スタートアップ期」**、次のステージである**「急成長期」**、ある程度の成長期が終わって安定し始めた**「事業基盤確立期」**のそれぞれの発展段階ごとに、自社の経営課題を経営者、需要家（マーケット）、供給システム、マネジメントの各観点からはっきり認識しておくべきです。

それぞれの経営課題を解決する場合の優先順位は、発展段階ごとに異なります。課題解決の優先順位を間違えると、余計なパワーが必要になり効果がないだけでなく、新たな問題が発生することがあるので注意を要します。

スタートアップ期のうちに成長期に備えておく

もともと苦労して事業を創業しても、その事業を継続して成長させるのは多大な努力が必要です。

スタートアップ期は、経営者の高い志、強い思い入れとリーダーシップに加えて、商品やサービスの新規性などによってある程度は伸びるかもしれません。しかし、その伸びを継続させるには、仕入・販売・物流など各業務フローの標準化（誰がやっても同じように業務が流れなければいけません）や、商品の供給システムの大規模化・効率化など、まったく別の経営課題を解消していく必要があります。**スタートアップ期と急成長期では別の脳ミソを使うのです。**

では、企業の急成長期には何をどうしたらいいのでしょうか。ちょっとしたヒントを差し上げます。

①何でも数値化してみる

小売店では、レジに買い上げ客数は記録されていますが、たとえば毎日の来店顧客数を時間ごと、男女別に記録しておきます。来店客数で購買客数を割って、来店購買客比率を出してみます。来店してても買ってもらえない顧客の比率をいかに下げるか、どんな品揃えで、どのような陳列方法をとればよいか。午前、午後のどの時間帯に顧客が多いか。商品の問い合わせは毎日何人か。何を聞かれたか。何がいつ頃何個売れたか。何曜日が一番顧客数が多いか。**来店客の行動を観察**できる時間があれば、客がどの商品を買うのをためってやめたかを書き留めておきます。日々の記録の積み重ねが大事です。

これらの数値を注意深く分析し、対策を打ちます。そして、対策を打ったあとは、これらの数値の変化を見るようにします。それによって対策の効果が分かります。人間と同じように、企業も常に健康状態を知ることが重要なのです。

②すべての業務処理を標準化する

販売管理、仕入管理、在庫物流管理など**すべての業務処理手順・手続きを標準化し、**それらをマニュアル化し、担当者全員に徹底します。顧客のニーズが変わったら、このマニュアルも絶えず変更していきます。

実務担当者によってはマニュアルではなく、チェックリストやチェックシートを使って毎回、手順や手続きに抜けや重複がないかをチェックするほうがよい場合もあります。マニュアルは必要最低限やるべきことが書かれている指示書です。何もかも詳細にわたって書かれている必要はありません。ものすごく分厚いマニュアルだと誰も読みたくないし、覚えるのがつらい。何と言っても、誰も考えて仕事をしなくなります。

個人商店から組織へ脱皮するための仕組み作り

急成長期を乗り切って、社員も増え、ある程度の企業規模になってきたら、個人商店の域を脱し組織的に運営できるようにすべきです。企業活動すべてのリーダーである社長が突然倒れたりしたらどのように対処しますか。部門別にリーダーを決め、その人に社長から権限移譲をしていけばよいのです。

部門別の職務分掌（役割分担）と各階層別の権限（決済できる金額基準も含め）を決め、仕入・物流・販売・購買・財務・経理・情報システム等の業務管理規程を作り、そのとおりに運用します。不正や誤謬が起きないように防止したり、起きてしまったらただちに発見できるような内部牽制の効いた組織（「内部統制システム」と呼びます）や手続きを決めて実行します。

企業規模が拡大しても小規模のときと同じように重要なのは、本社・本部において、現場で起きている問題が素早く認識でき、解決のための指示がすぐに出せることです。ヒットした日本映画にありましたが、「事件（問題）は現場で起きてるんだ、ここ（会議室）で起きてるんじゃない！」のです。

月に1度の取締役会の席上で、現場の様子が手に取るように分かる指標を見ながら、役員間で徹底的に議論する。そして期限を決めて的確に指示する。このような仕組みを作っておかないと、企業は環境変化に気づかず、いずれ滅び去ることになります。ゆるやかに水温が上昇していても気付かずに、ゆで上がって死んでしまう「ゆでガエル」の例と同じです。

6 ムダな経費をカットしよう！

上手なコストダウンとダメなコストダウン

思ったように売上が上がらず資金繰りが苦しくなると、まず経費削減をしよう、ということになります。

経費削減というと、すぐに思い浮かぶのは活動削減策です。「計画していたこの活動をやめるので、うちの部門の経費は10％削減できます」というのは、どこにでもある事例です。**同じ活動を別の方法で低額でやれるならよいですが、これではダメで、活動しないことにつられて売上もどんどん縮小していきます。**

日本マクドナルドホールディングス社長の原田泳幸さんは、著書『勝ち続ける経営』（朝日新聞出版、2011年12月）のなかでこのように述べています。

「コストを減らすとは、…もっとお金を使って、もっと売る提案を」する、という意味であり、「経営が厳しいときこそ投資も含めてもっとお金を使おうという議論をしないと、その後の復活はありえないと思います」。

なるほど、そのとおりですね。今までのお金の使い方ではなく、お金を使ってまったく新しく何ができるかを考えれば売上が上がります。徹底的に考え抜いて慎重に実行する必要はありそうですが。

とくに戦略的な投資や人材投資をケチってはいけません。それは、今すぐではない次の成長を支えるべき投資だからです。企業は継続しなければ意味がありません。

広告宣伝費や販売促進費など売上に直結する経費については、単に「一律」に経費を削るというのではなく、今までのやり方・方法論をすべて1から見直して費用と効果を比較勘案し、やり方を全面的に変え、違ったカネの使い方をしてみたらいかがでしょうか。

「一律30%」というお題目で行なうコストダウンだと、本当に必要な経費も削減してしまうので無理があります。科目・内容ごとに、たとえば「地代家賃について、こんな都心の高い家賃の場所にいる必要があるのか」「外注していた製品を内製化したほうがよいか、逆に内製化していたものを外注するか、製造ライン全体をアウトソースするか」「原材料の在庫をゼロにできないか」などについて検討すべきです。

実行するのに「無理な理由」を考えるのではなく、どうしたら実行できるかを考えるべきだと思います。

いくつかの経費削減サービス事例

最近では、事務所の中のありとあらゆるものについて、どこから何をいくらで買っているかを調べあげ、経費節減を指導する経営コンサルタントもいます。

リコーのようにサービス事業を拡大し、ドキュメント経費を削減するサービスを始めた企業もあります。ＭＤＳ（マネージド・ドキュメント・サービス）というもので、顧客企業に対して、ドキュメント関連の経費削減策を提案します。最適な複写機の台数を割り出したり、使いやすさに配慮した配置を考えたりするようです（『日経ビジネス』２０１１年12月5日号）。コピー機の台数を必要最適数に減らすだけでも効果がありそうですね。

また、**アスクルは間接材一括購買による経費削減サービスを、「ソロエル」というビジネスモデルを通じて大企業に提供しています。**大企業ほど各事業所ごとに異なった業者から同じような間接材を購入していることが多く、それぞれ品質や単価もバラバラなのが実態です。たとえば工場で使う同じ軍手でも、工場ごとに単価が違います。それを品物ごとに仕入業者を統一することで発注量がまとまり、購買金額を引き下げることができます。購買プロセスの「見える化」を通じて業務改革を実施するとともに、購買業務の代行サービスも行なっています。

価値を創造する日本電産の「ムダ減らし」

1973年に日本電産を創業し、一代で連結売上高6885億円（2011年3月期）のモーターメーカーに育てあげた永守重信社長にお会いしたのは、今から20年ほど前のことです。

当時から、元日以外は休まないハードワーカーとして有名だったので、「趣味は何ですか」とお聞きしたら、「家に帰ってから、風呂の湯船の中でビニールで包んだ『会社四季報』を眺め、（買収目的の）赤字の会社を探すことです」と真面目に仰っていました。風呂の中では何も考えずにボーっとしている僕とはえらく違います。永守さんは、単に時間を惜しんで必死に働いているという風情ではなく、彼独自のスタンスで仕事を楽しんでいるような気がしました。

余談はともかく、永守さんはこれまでに業績の悪化した国内外の会社を30社ほど買収し、ほとんどの会社を立て直してきたことでとくに有名です。

11年7月には、同年3月期まで3期連続営業赤字で、おまけに買収直前の6月までの四半期も赤字だった三洋精密（現日本電産セイミツ）を買収しましたが、買収後の第2四半期から2億5000万円の営業黒字に転換しました。

『日経ビジネス』12年1月9日号の記事に、そのあたりの「単なる経費削減」ではないやり方が書かれていますので、要約して次に引用させていただきます。

企業経営で大事なことは、厳しいコストダウンで利益を上げることではなく、企業の価値を創造し続ける「輪」を作ること。まずは「利益を上げること」、利益を上げようとするから売上も増やせる（財務価値と呼ぶ）。その過程で「なぜ利益が出ないのか」と自ら考えて動く社員を育てると同時に、コスト・利益などへの社員の意識を高め士気を高める（人材価値と呼ぶ）。次は「顧客にとっての価値向上」そして「株式市場での価値」が向上し、M＆Aがしやすくなり、よりよい人材も低いコストの資金も集まりやすくなる。財務価値を上げ、人材価値を上げ、顧客にとっての価値を上げ、市場価値を上げると、元の財務価値も上がる。このような連鎖の輪をつくるのが経営で最も大事なことです。

では最初の、財務価値を高めるにはどうするか。

まずは損益計算書の改革、つまりコスト構造の徹底した作り直しです。このために日本電産が取り組んでいるのは「Kプロ」と「Mプロ」という活動です。

「Kプロ」は経費削減プロジェクトの略で、人件費・材料費・外注費を除く、事務用品費、光熱費、出張費、物流費、交際費などの経費を削減する活動です。事務用品も机の中には使われていないものがムダにたくさんたまっているし、事務スペースも意味なく広く取っている。工場には使わない機械がそのまま置いてある。不要物をどければラインは短くて済むし、生産効率も改善する。多くの社員は自家用車通勤なのに電車通勤の交通費を支給している。どこにでも改善する余地があるということです。

「Mプロ」というのは購買費削減プロジェクトのことで、「(購入先に) まけてもらう」をもじった、というのが表向きの説明です。実際には、複数の調達先を絞り込んで購入価格を下げたり、より低い価格の資材を探して調達先を切り替えたりすることです。設計や生産方法を見直して少ない部材で製造できるようにするなど、徹底した調達改革を行なうのです。03年10月に買収した三協精機製作所(現日本電産サンキョー)も、これらの活動をとおしてコスト構造を変え、利益を生み出せるようになりました。

日本電産セイミツの場合は、「不良品を50ppm(2万個に1個の割合)以下にする」「売上高材料費比率を60%から50%にする」「在庫は0・4ヵ月以下にする、生産性は従業員1人当たり月100万円以上の付加価値高を実現する」という目標指標を掲げて活動したそうです。

結局、単なるコスト削減ということではなく、**大事なのは、なぜ今までそんなムダが見過ごされてきたのかの原因を見つけ、徹底的に経営のすべてのプロセスを見直して、「利益を生み出す」方向に変えていくことなのですね。** 数字目標を掲げ、社員の意識を変えると会社も変わります。会計数字が人を動かした実例です。

節電目標だってクリアできた！

２０１１年3月の福島第一原子力発電所事故の影響で、東京電力と東北電力の管内で多くの事業所に15％の節電目標が強いられました。電力を大量に使う工場では対応が大変だったと思います。街中どこに出かけても異常に暗かったことを覚えています。

その電力使用制限令は同年7月9日午後8時に解除されました。当初は7月22日まで制限する予定でしたが、暑さが峠を越して電力需給の状況が改善したため、前倒しで終了することにしたようです。

本質的に言えば、夜間電力の新たな使い方や送電時のロス防止方法、完璧な蓄電方法を考えるなど根本的に改革すべきことは非常に多いと思いますが、目の前のできることを皆で実行したということはそれなりの意味がありました。目標数字を掲げ、関係者全員がそれに向かって努力したから節電目標が達成できたのです。

東電が事故を起こさなければこんな努力をしなくて済んだのに、という意味ではあまり良い事例とは言えませんが、これも数字が人を動かしました。

ムダな会議にかかるコストを計算してみる

どんな会社でも会議はよくあると思います。多すぎてうんざり、という会社も少なくな

|図表23|会議のたな卸をしてみよう！

No	1	2	3	4	5
名称	取締役会	経営会議	部課長会	製販連絡会	業務改善委員会
目的	法定事項・重要な意思決定他	経営に関する意思決定・報告	経営会議準備、報告・連絡・相談多い	販売価格と製造価格の調整	業務プロセスの標準化と改善
規程	取締役会規程	なし	なし		
参加者	取締役、監査役	取締役、部長	部長、課長		
参加人数	8名	12名	18名		
頻度	定時は毎月1回、臨時は都度	2週間に1回	2週間に1回		
所要時間	2時間程度	2時間半	2時間		
議事録作成	事務局が作成し、会議後にメールで参加者に回覧	部長が持ち回り。精粗の差がある	企画課課長が作成		
決議予定議題数	平均4個	5個〜7個	3個〜		
1回当たり決議数	ほぼ同数の決議あり	決まらないことも多い。３個程度	ウーム、どうだろう？		
「決議・討議」と「報告・連絡」の時間配分	決議等6対報告等4	決議等4対報告等6			
事前に目的や資料の配布？	前日までに配布	配布があるのは半分程度			
評価	◎	△			

会議が単なる時間の浪費になっていないか、たな卸をして分析してみましょう。成果の出ない会議なら、ただちにやめるべきです！

いでしょう。「会議」というのは本来、すべての参加者の意見を出し合い、議論を闘わせて、一番良い案を創出・決定・採用し、実行に移すための場です。単なる報告・連絡・指示・叱咤の場になっていませんか。まったく発言しない参加者はいませんか。

以前上梓した拙著『火事場の数字力』（商業界、２００６年４月）と『図解　仕事以前の会社とお金の常識』（講談社＋α文庫、２００６年５月）では、ムダな会議を撲滅するため、会議のたな卸（目的、参加者、決議事項、時間などの一覧表を作って要否を決める）を勧めたり、会議に参加した人たちの時間当たり人件費を算出して、それを合計して「会議の値段」を出し、会議の結論がそのコストに見合う価値があったかどうかを検討してほしいと訴えました。

詳細は省きますが、**年収６４０万円の人にはざっと１２００万円の経費がかかっています。これをベースにしたうえで、この会議がなくて社長と営業担当役員が営業して売上が上がったとしたときの機会原価を１００万円と仮定して、90分かかった出席者8名の定例役員会の会議の価値を算出すると、１２０万円になります。**

この役員会には１２０万円以上の価値があり、会議の決定事項による成果があったでしょうか。どんな会議でもこのようにとらえると、討論の真剣さがまったく違ってくると思います。ムダな会議をやめただけでも、別のことに貴重な時間が使えるようになります。

7 東レの経営改革「NT21」から学べること

危機感からの経営改革

東レの前田勝之助名誉会長の『私の履歴書』が2011年10月の「日経新聞」に連載され、興味深く拝読しました。

前田さんは、世界的な先端材料メーカーの東レの基礎を築かれた方です。1987年から97年までの10年間、社長・CEOを務められました。ユニクロの「ヒートテック」等の素材開発の面でも大変お世話になっています。

前田さんがすでに会長になっていた02年3月期の業績は、東レ単体で創業以来初めての営業赤字に陥りました。当時、決算期末の半年前から役員を集めて議論していたとき、前田さんが財務・経理部門の役員に「このままの状態が続くと東レが潰れるのはいつか」と聞くと「2年9ヵ月後です」と答えが返ってきたそうです。

翌期から2年間に限ってCEOに復帰すると、労働組合と危機意識を共有するために

「NT（ニュー東レ）21労使経営協議会」を立ち上げ、全社ベースの徹底的な改革「NT21」を02年4月から開始しました。

前田さんの感覚では、「2年間で500億円の費用が削れる」と見込んでいたようですが、徹底的な総費用削減を命じて毎月チェックを行ない、緊張を緩めることを許さず、本社費用を厳しく削った分を赤字の繊維部門に回したそうです。

「『これで黒字化してくれ』という意味で、いわば『奨学金』だった。経営は鬼心七分仏心三分」（「日経新聞」11年10月28日付朝刊）

改革1年目で早くも営業利益をV字回復させ、前田さんは2年目に業績を前倒しで改善させてから会長もCEOも取締役も退かれたそうです。

こんな会計数字が人を動かした

ここで重要な数字が2つ登場してきました。

1つめは年月です。前田さんがCEOに復帰するきっかけを作ったのは、財務・経理担当役員の言った言葉**「2年9ヵ月後」**です。この役員には当然、会社の損益構造とキャッシュフロー構造が分かっているので、債務超過に陥るまでの年限が計算できたのだと思います。この数字をすべての役員が共有できたことで危機意識が一気に高まったはずです。

2つめは金額で、経費削減改革を実行するときに前田さんが抱いた**「2年間で500億円の費用削減」**です。これは目標数値だったものの、経営者の明確な意志を表す指標だったのです。

経営が困難なときこそ、経営者は明確な方向を示し、明快な言葉で語り、指示命令しなくては社員がついていきません。経営者が全社員に語るとき、数字の裏付けがあればなお説得力が増す、という非常に良い事例でした。

第5章

強い成長企業の会計数字ケーススタディ

1 会計思考できる経営者のもとで強い成長企業が育つ

経営者に求められる3つの要素

「お金の経営、人の経営、事業創造の経営、この3つができる人を経営者と言うのです」

これは、2012年3月に東京大学教授を定年退職された宮田秀明先生の言葉です。宮田先生は本業の船舶工学の分野だけでなく、1995年に世界最高峰のヨットレース「アメリカズ・カップ」の日本チーム「ニッポンチャレンジ」でテクニカルディレクターを務めたことでも有名です。

数年前、宮田先生にご自身の船舶工学の研究室を案内していただいたことがあります。そのとき先生は「お金をいろいろな企業から調達し、それを使って学生たちと一緒になって研究室の設備を維持しながら今まで研究を続けてきました。僕は、中小企業の経営者と同じですよ」と微笑みながら、お金集めの苦労談をしてくださいました。組織の維持・発展という意味では、大学の研究室も企業も同じなのだと感じました。

僕はこの宮田先生の経営者の定義に、次の3つの事柄を付け加えると「強い成長企業をつくれる経営者」になれると考えています。

①高い志を持つ
②単なる金儲けではなく私利私欲に走らない
③会計思考できる

世の中を良い方向に向け、世の中の役に立つような高い志を持ち、単なる金儲けや私利私欲に走ることなく、顧客・従業員・取引先・株主などの利害関係者すべてが良くなるような方向性を持ち、お金・人・事業創造の3つの分野を、会計思考しながら経営できる。こうした経営者であれば、強くて成長し続ける企業をつくることができます。

全社員に至るまで会計思考できるようにする

当然のことですが、経営者たるもの、熱いハートと冷静な頭脳を持ち、自分の行動を客観視できなくてはいけません。さらに人間的な魅力があって、人を引きつけることができれば、黙っていても社員はついていくことでしょう。

これまで再三にわたって説明してきましたが、会計思考とは会社のビジネスの「損益構造」と「キャッシュフロー構造」を明確にして、その両方ともプラスにするように考えて行動することです。簡単に言えば、損益構造は「儲ける」、キャッシュフロー構造は「現金が残る」となります。

また、強い成長企業をつくるには、社長だけでなく全社員に至るまで会計思考できるようにすべきです。逆に言えば、全社員が会計思考できるようにするには、経営者が率先して身につけなくてはなりません。複式簿記や決算書の詳細を理解する必要はありませんが、損益構造、キャッシュフロー構造と大事な数字は常に頭に入れて行動すべきです。

この最終章においては、先述した「強い成長企業をつくれる経営者」のケーススタディを5つ示すことにしましょう。

図表24 会計思考できる経営者とは?

Ⅰ **利　益** と **現金収支** の両方の損得計算ができる。

- 利益 = 売上－費用＝利益
- 現金収支 = 入金－出金＝現金残高

Ⅱ **ビジネスとして成り立つかどうか** 分かる。

⇔ 商売の収益性・継続性・成長性はあるか？

Ⅲ **ビジネスセンス** がある。

① PDCAサイクル で仕事ができる。

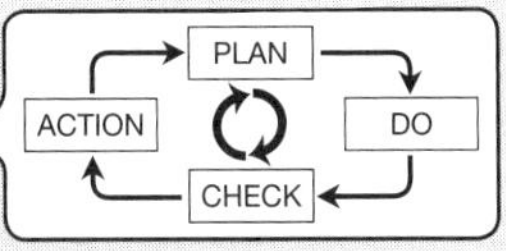

② 社内各部署の仕事が誰のために、何のために役立つか 分かる。

→ 仕事には必ず目的と役割がある。
→これを理解していないとやる気が出ない。

仕事は納得してやるものだ！

③ 時間に正確。
④ 時間をムダにしない。
⑤ 約束を守る。
⑥ データ処理が速くて、正確。
⑦ 自分の行動を客観視できる。

全部ひとまとめにして、**タイムイズマネー！**

Ⅳ 会社の **数字** や **決算書** がどのような方法で出来上がっているかある程度知っている。

→ 会社全体や各部署で管理すべき数値はいろいろある。損益データだけでなく、警告データもある。

Ⅴ **「活動」「動作」「モノ」「こと」** を何でもお金に換算できる。

→ 本書で述べたとおり、会議の価値もカネに換算できた。

Ⅵ **ビジネス活動を論理的に分析して** 次の活動に活用できる。

→ 現実はほとんどが論理的ではない。まずは仮説を立て、論理実証→ダメだったら再び仮説を立てる。

Ⅶ **ビジョンを数字で計画し** 未来をつくり上げる。

→ 数字で計画すると実行しやすく、数字が人を動かす。数字で示されないビジョンや計画は行動指針にならない。

Ⅷ **数字や会計の限界** を知っている。

→ 会計は仮定の上に成り立っているし、数字を使ってウソをつかれることもある。だまされないのも会計思考だ。

2 ユニクロのケーススタディ

なぜ柳井社長は「売上高5兆円」を目標に掲げるのか？

今現在ユニクロが掲げている目標は「世界一のアパレル製造小売業になる。2020年売上高5兆円、経常利益1兆円」です。第1章でも少し触れました。

売上高のほうは、09年9月に行なった事業戦略説明会のときに、柳井さんが「2020年ファーストリテイリングの夢」として初めて語った目標数字です。09年8月期の売上高は6850億円ですから、20年までの11年間、毎年20％ずつ確実に増収を続けていくと売上高は5兆円を超え、理論的には達成できる数字です。

1年置いて11年9月に開催された事業戦略説明会のときは、ファーストリテイリングとユニクロの目標として「2020年売上高5兆円、経常利益1兆円」と利益目標も掲げています。同時に、売上高は12年に1兆円、13年に1・3兆円、15年に1・7兆円、16年以降は年間5000億円ずつ増やせば5兆円に到達することも示しました。

柳井さんは著書『成功は一日で捨て去れ』（新潮社）のなかでこう述べています。

「会社を成長発展させようと考えたら、『現状満足』は愚の骨頂だ。現状を否定し、常に改革し続けなければならない。それができない会社は死を待つだけである」

「我々は今、2020年には世界で一番革新的で経営効率のよい企業となり、売上高5兆円、経常利益1兆円を達成すべく、日々挑戦を続けている。無謀な目標と揶揄されるかもしれないが、あらゆる水準を上げていき、ユニクロをはじめとする我々グループが真のグローバルブランドになれば達成可能だと考えている」

途方もない無茶な目標のように感じますが、もし目標がまったく示されなかったとしたらどうなるでしょう。間違いなく前年より売上は伸びることなく、徐々に衰退していくと思います。人間はもともと怠惰な生き物です。適度な刺激や目標がないと途端にさぼります。僕自身もそうです。努力しなくなったら誰も幸せになどできないどころか、自らも不幸です。

その数字の意味するところを実際に頭のなかで想像してみないことには、目標の達成はおぼつきません。それぞれの局面を想像してみるとどうでしょう。

売上高5兆円のときの各国別の売上高はいくらか？　そのときの店舗数は？　店長と従業員数は？　どの国でどれだけ商品を生産して、どのように物流させればよいか？　本部の組織の規模と機能は、そして地域本部はどうなっている？　人事や経理や財務は、どの国に置くべきか？　などのいろいろな疑問や想定項目が出てきます。

この非常に高い目標を達成するためにはどうすべきなのか、あらゆる方法を考え抜き、実行するという行為と過程そのものが大事なのです。

また、低成長時代にこそ、元気を出すべく高い目標が必要です。ただし、社員への目標数字の単なる押し付けは、絶対に避けなくてはいけません。**経営者の強い思い入れをミッションやビジョンとともに理解してもらったうえで、その高い目標を全社員で共有するというアプローチが大切だと思います。**会計数字は人を動かし、会社を変えていきます。

上場前の出店資金は回転差資金から

ユニクロが広島証券取引所に上場したのは1994年7月のことです。91年9月から上場を目指して本格的にチェーン展開してきましたが、その過程において、担保不足で銀行借入もままならなかったとは言え、「現金小売」でなおかつ「衣料品販売」という形態が、出店資金の資金繰り面で非常に役立ったということは否めません。

商品仕入も現金で支払い、販売も現金入金だとすると、売り上げたときに差額の利益分の現金しか手元に残りません。次に、売上の大半が現金販売で、仕入は締め後翌月末にサイト4ヵ月の手形払いだったとしたらどうでしょうか。5ヵ月以上にわたって売上現金が手元に残ることになります。

これを「回転差資金」と呼びますが、まさにユニクロはこの恩恵を受けていました。通常の運転資金をまかなって、なお新店オープンの設備投資資金に回っていたのです。

ただし、商品が予定どおり売れているからうまくいくのであって、売れていなければまったくダメです。翌月以降の現金の入出金を予定ベースで記載する**「資金繰り予定表」**を正確に作って管理しなくてはなりません。どちらにしても回転差資金に頼るようでは、漕ぐのをやめたらすぐに倒れる「自転車操業」の誹《そし》りは免れません。

とは言え、上場前には毎月2000～3000万円の設備投資資金に四苦八苦していたのに、上場時には130億円ほどの公募増資資金をいっぺんに調達できたのは、ユニクロの成長性とビジネスモデルの新規性を投資家の皆さんが理解してくれたお蔭だと思います。

資金繰り予定表の作り方・手順

先に述べた「資金繰り予定表」の作り方を補足しておきましょう。「資金繰り予定表」は188～189ページに掲載した図表25のように作成し、現金の入出金予定をきめ細かく管理します。作り方・手順は次に説明するとおりです。

（単位：千円）

9月	10月	11月	12月	1月	2月	3月
278,848	294,749	294,507	291,629	272,936	281,407	246,430
81,200	87,500	89,600	94,500	79,800	75,600	98,000
10,800	11,600	12,500	12,800	13,500	11,400	10,800
23,400	25,000	21,600	23,200	25,000	25,600	27,000
0	0	500	0	0	0	0
115,400	124,100	124,200	130,500	118,300	112,600	135,800
12,064	13,000	13,312	14,040	11,856	11,232	14,560
48,672	52,000	44,928	48,256	52,000	53,248	56,160
12,760	13,750	14,080	54,850	12,540	11,880	15,400
12,960	13,920	15,000	15,360	16,200	13,680	12,960
8,640	9,280	10,000	10,240	10,800	9,120	8,640
0	48,000	0	0	0	42,000	0
0	0	25,300	0	0	0	0
403	393	458	448	433	418	403
95,499	150,343	123,078	143,194	103,829	141,578	108,123
19,902	▲26,243	1,123	▲12,694	14,472	▲28,978	27,678
0	30,000	0	0	0	0	0
0	0	0	0	0	0	0
4,000	4,000	4,000	6,000	6,000	6,000	6,000
0	0	0	0	0	0	0
294,749	294,507	291,629	272,936	281,407	246,430	**268,107**

9月	10月	11月	12月	1月	2月	3月	年間合計
116,000	125,000	128,000	135,000	114,000	108,000	140,000	1,451,000
60,320	65,000	66,560	70,200	59,280	56,160	72,800	754,520
12,760	13,750	14,080	54,850	12,540	11,880	15,400	219,610
13,920	15,000	15,360	16,200	13,680	12,960	16,800	174,120
9,280	10,000	10,240	10,800	9,120	8,640	11,200	116,080
157,000	183,000	179,000	173,000	167,000	161,000	**155,000**	

設備投資⑨を年間3回、合計1億3500万円実施したけれど、この損益構造であれば、4月末と3月末の現預金残高はほぼ同額ながら、借入金は3000万円の増加だけで済みそうです！

|図表25|現金収支予定を管理する「資金繰り予定表」のサンプル

資金繰り予定表（2012年4月1日～2013年3月31日）

		4月	5月	6月	7月	8月
前月より繰越現預金残高		240,000	262,345	249,623	269,055	267,762
経常収入	①現金売上	84,000	80,500	81,900	87,500	75,600
	②売掛金回収	10,700	12,000	11,500	11,700	12,500
	③受取手形期日入金	21,800	20,800	26,000	24,000	23,000
	その他入金	500	0	1,200	0	350
	合計	117,000	113,300	120,600	123,200	111,450
経常支出	④現金仕入	12,480	11,960	12,168	13,000	11,232
	⑤支払手形決済	43,500	42,600	46,500	49,920	47,840
	⑥人件費支払	13,200	12,650	12,870	33,750	11,880
	⑦外注費支払	12,600	14,400	13,800	14,040	15,000
	⑧経費支払	9,750	9,600	9,200	9,360	10,000
	⑨設備投資	0	45,000	0	0	0
	⑩税金・配当金	0	36,500	3,200	0	0
	⑪支払利息	125	313	430	423	413
	合計	91,655	173,023	98,168	120,493	96,365
経常収支		25,345	▲59,723	22,432	2,708	15,086
財務収支	⑫借入金収入	0	50,000	0	0	0
	増資・社債発行等収入	0	0	0	0	0
	⑬借入金返済	3,000	3,000	3,000	4,000	4,000
	その他支出	0	0	0	0	0
当月末現預金残高		262,345	249,623	269,055	267,762	278,848

		4月	5月	6月	7月	8月
損益予算	⑭売上高（予算）	120,000	115,000	117,000	125,000	108,000
	⑮仕入高（予算）	62,400	59,800	60,840	65,000	56,160
	⑥人件費（予算）	13,200	12,650	12,870	33,750	11,880
	⑯外注費（予算）	14,400	13,800	14,040	15,000	12,960
	⑰経費（予算）	9,600	9,200	9,360	10,000	8,640
⑱当月末借入金残高		125,000	172,000	169,000	165,000	161,000

1　まずは1年間の短期経営計画（予算）を作り、表の下の「損益予算」⑭～⑰に数字を記入する。

2　人件費予算（たとえば当月売上高の11％に賞与月は賞与を加味する）は、当月発生予定額がそのまま現金支出となるので、損益予算と経常支出の2ヵ所の⑥に記入する。

3　売上高の7割が現金売上と仮定する（①＝⑭×0・7）。

4　売上高の1割が掛売で、売上の翌月に現金回収すると仮定（②＝前月⑭×0・1）。

5　売上高の残りの2割が掛売の後、3ヵ月サイトの手形で回収すると仮定（③＝3ヵ月前⑭×0・2）。

6　現金仕入は仕入予算の2割（④＝⑮×0・2）。

7　仕入予算の8割は、3ヵ月サイトの手形支払（⑤＝3ヵ月前⑮×0・8）。

8　外注費支払は前月の外注費予算と同額（⑦＝前月⑯）。

9　経費支払は前月の経費予算と同額（⑧＝前月⑰）。

10　設備投資⑨は、設備投資スケジュールから実際の現金支出する月に記入する（銀行との実際の借入交渉は近づいたら行なう）。⑩も実際支出予定月に記入する。

11　当月の経常収入から経常支出を差し引いて経常収支（支払利息⑪計上前）を出す。

12　経常収支がマイナスとなった月に、それに見合う金額の借入金収入⑫を記入する。
13　借入金返済条件に合わせて⑬に返済予定額を記入する。
14　前期末借入金残高、⑫、⑬によって⑱を計算する。
15　⑱から金利（年利）3％として、支払利息⑪を計算する。
16　経常収支を再計算する。
17　1ヵ月経つごとに、予定値をすべて実績値に置き換える。常に1年先までの予定表を作って更新していく。

良いものを安く提供するために、どんな数字を使っているか？

ユニクロにもかつて、出来上がった商品をメーカーから買い取ってきて売る、いわゆるバイイングの時代がありました。そうした時代を経て、製品の企画開発から、生産管理、流通、販売までのすべてを一気通貫して自社の責任で行なうようになり、リスクを自社で背負いつつ、流通ルートを短縮化することでさまざまなコストを抑え、販売価格を下げていきました。

商品面では、大量にロットで発注して買い取るのでコストも下がるし、売値も下げられます。店舗運営面では、セルフ販売方式で接客サービスを少なくし、従来の標準店である路面店は倉庫型店舗に大量陳列でバックヤードを減らし、店舗内外装・床材・陳列棚等も耐久性とコストにこだわり、ローコストオペレーションを徹底してきました。都心型店をオープンしてからは、家賃の比率は多少高くなっています。

SPA（アパレル製造小売業）であるユニクロは、発注した商品を製造委託会社から100％引き取る（返品ゼロ）ので、在庫がゼロになるまで商品を売り切らなくてはなりません。これは宿命で、逃れられません。商品を当初設定した販売価格で売り切ることができれば粗利は高くなりますが、値引販売すると粗利はその分だけ低くなります。

たとえば売価1990円の商品を原価率40％（原価796円）で作ったとして、それをすべて値引せずに売り切ることができれば粗利率は60％になります。仮に400円（20％）値引して1590円で売ったとすると、原価は796円ですから、粗利は794円になり、粗利率は50％になります。販管費比率を35％に留めることができれば、先ほどの値引後でも営業利益率は15％になります（図表26参照）。

値引は、期間を限定した「限定値引」か、売価自体を付け替える「売価変更」で行ないますが、その時期を間違えると利益に大きな影響が出ます。商品の投入時期や値引販売のタイミングなどの対応がうまければ業績は上がるし、そうでなければダメということです。

ついつい業績を世の中の景気や気候のせいにしたくなりますが、それでは前向きな対策が

図表26 ユニクロの当初売価による粗利率と値引後の変化

（単位：円）

	当初	当初%		値引	当初%		値引後	当初%	値引後%
売価	1,990	100	−	400	20	＝	1,590	80	100
原価	▲796	40					▲796	40	50
粗利	1,194	60	−	400	20	＝	794	40	50

値引後の損益構造がこのままで販管費比率が35%であれば、営業利益率は15%となります。

売上高	100%
売上原価	▲50%
売上総利益	50%
販売費・管理費	▲35%
営業利益	15%

打てません。すべての責任は自社の内にあるのです。

まずは良質の商品ありきですが、実はどの商品も実際に売ってみるまで分からないものです。この商品より別の企画のほうがもっとお客様に受けるのではないか、と悩みます。

ユニクロのようなSPAでは、圧倒的な「売れ筋商品」を発見するまで、何度でも商品企画から販売までのサイクルを自社で回せます。つまり、**いろいろ実験（試行錯誤）できることこそがSPAの本当の強みだと思います。**

在庫を増やさないための仕組み

商売の鉄則は毎週毎週の打ち手、毎日毎日の打ち手を確実に打っていくことです。そうすれば業績は良くなります。逆に、的確な打ち手を打たなければ、業績はますます悪くなります。売れなければ売れるように、全国的に売れない店舗から売れる店舗へ商品在庫を移動したり、販売促進活動（限定値引も含みます）をしたり、処分（値引と売価変更）します。

たとえば、ある商品を30万点生産するときに、3990円の売値と予定販売期間を決めておきます。お店に初回投入したときから、決めた予定販売期間を過ぎても売り切れそうもなかったら2990円に売価変更します。売り切れるまで売価変更は続きます。

売れ行きの悪い商品の追加オーダーを止め、別の商品発注に切り替えたり、生産計画もただちに修正します。小売業は在庫との戦い、あるいは生産・販売計画との戦いなのです。シーズン終盤になると売価変更したほうがよいということで、店長や営業部からの指摘によって会議に上がってくる商品について、MD（マーチャンダイジング）と商品計画の担当者は毎週、議論の末、売価変更するかどうかを決めます。

「売変すべきだ」「いや、すべきではない。このままの値段で売り切れる」など、いろんな意見が出ても、結局、売れているか売れていないかは数字が判断してくれます。数字は冷徹なもので、ウソをつきません。売価変更しようと会議の俎上にあがった商品は、その後も売れないという例が多く、最終的には完全に消化するまで売価変更することになります。

実際は、**実務能力の高いMD担当者ほど、早め早めに売変処理する傾向にあります。もしこれで粗利が取れなかったら、別の売れる商品を投入すればよいからです。**売価変更、生産追加、生産中止を決めるのは、週に1度の同じ会議で行なっています。

売上の目安をつかむ「月坪効率」

売上高は、客数と客単価の掛け算の答え（積）です。売上高の増減は、客数の増減と客単価の増減に分解できます。一方では、売上高は販売点数と商品単価の掛け算でもあります。つまり販売点数の増減と商品単価の増減にも分解できるということです。この2種類の観点からの分析も非常に大事ですが、売上高と密接に関連している売場面積の効率を表す大事な指標が別にあります。

売上高と正の相関関係が大きい要素は、売場面積と店舗立地、外食産業であれば味や接客、価格、内装、雰囲気など、商品小売業であれば商品品質、デザイン、価格、品揃えやＶＭＤ（ビジュアル・マーチャンダイジング）、接客などと数多いです。売場面積が大きくなれば単純に売上高が増加するというわけではありませんが、影響力が大きいのは事実です。

売場面積と売上高の大小との関連を見るのが「坪効率」という指標で、「売場1坪当たりの年間売上高」のことを指します。上場している小売業などで「1㎡当たり売上高」という数値を有価証券報告書で公表している企業は多いですが、「1坪当たりの月平均売上高」で示す「月坪効率」も実務上は一般的です。僕は月坪効率をよく使います。

ユニクロの場合、２０１１年8月期における国内の直営店売上高の月坪効率は25・１万円です。03年8月期からほぼ同じような効率（24万〜27万円台）を保っています。直営店舗のみの売上効率を図表27に示しておきます。

図表27　ユニクロ直営店の単位当たり売上高推移表

項目	単位	2001 8期	2002 8期	2003 8期	2004 8期	2005 8期	2006 8期	2007 8期	2008 8期	2009 8期	2010 8期	2011 8期	10年前の何倍か？
直営店商品売上高	億円	3,980	3,254	2,889	3,233	3,508	3,752	4,041	4,388	5,082	5,719	5,65,5	1.4
既存店売上伸び率	%	41.7	▲28.6	▲19.7	2.5	0.6	0.7	1.4	2.9	11.3	4.7	▲6.0	▲0.1
平均稼働人員	人	12,847	11,483	10,057	11,186	12,494	12,753	14,574	14,654	15,750	18,657	18,798	1.5
1人当り売上高	千円	30,981	28,343	28,732	28,910	28,080	29,422	27,727	29,949	32,268	30,654	30,084	1.0
1㎡当り売上高	千円	1,714	1,137	913	929	913	895	913	885	970	995	913	0.5
1店舗当り売上高	万円	82,098	60,821	49,711	52,623	53,223	54,595	57,899	60,076	68,688	73,194	69,585	0.8
1店舗当り売場面積	㎡	479	535	544	566	583	609	653	688	710	746	773	1.6
月坪効率	千円／坪	471.4	312.7	251.1	255.5	251.1	246.1	251.1	243.4	266.8	273.6	251.1	0.5

10年前は日本中を巻き込んだ「フリースブーム」の年です。その期間と直近期の直営店について比較してみました。売上高は、稼働人員が増えた分に比例して増えていますが、売場面積が増えた分以上には増えていません。

売場効率の絶頂期と比較するのは無茶かもしれませんが、売場の効率は約半分になっています。フリースブームの当時は、商品を店に出すと同時に売れていましたから…。

フリースブーム最高潮のときの01年8月期の月坪効率は47・1万円でしたから、飛ぶように売れたということがよく分かります。最近は、スクラップ&ビルドの結果もあって徐々に500坪以上の大型店の数が増え、11年8月末は129店舗となりました。全体で843店舗の15%を占めるまでになったので、売場効率の悪化に気をつけなければいけません。目下の目標は、この月坪効率を落とさないように商品アイテム数も増やしながら大規模店舗化を進めていくべき、ということになります。

他社はどうでしょうか。しまむらの11年2月期の月坪効率は7・2万円（有価証券報告書より算出）、良品計画の11年2月期の月坪効率（「無印良品」直営店のみ）は16・6万円（決算時の「データブック」より算出）、日本百貨店協会で毎月発表している売上高と総店舗面積で計算すると、全国百貨店の11年11月の月坪効率は28・1万円となります。

売っている商品単価と売場の作り方、陳列方法等が違い、他社・他業態との単純比較はできません。百貨店の数値が比較的高いのは、店舗販売以外の「外商」が1割以上あるからだと思います。他社の指標はあくまでも参考値としてとらえ、自社の指標の連年の推移に傾注しましょう。

この月坪効率は、売上の目安になるという意味では重要ですが、ここからどうやって利益を出すかという原価面や経費面については、別の指標でコントロールしていくべきこと

は言うまでもありません。月坪効率が低くても、粗利が高く、賃借料や人件費などの経費を低く抑えて（ローコストオペレーションと呼びます）いる企業は、利益をしっかり出しています。

たとえば、先述のしまむらの場合、11年2月期の粗利率は32・8%とそう高くはないものの、売上高販管費比率は23・7%（主要な科目では、人件費比率9・5%、賃借料比率5・0%、広告宣伝費比率2・5%）とローコストを達成していて、経常利益率は9・3%と高率です。期末日現在の正社員1名に対するパートタイマーの比率は4・9人（この公表数字は正社員換算値なので、実際の総人数はこの何倍か）となっていて、人件費を低くコントロールしていると推定されます。

人時を計算し生産性を測る

コンビニ、飲食店、ユニクロのような衣料品小売業など、店舗運営する企業はどこでもほとんど同じですが、**店舗での人事管理、とくに曜日ごと時間ごとの人員配置、業務割当は、非常に大事な仕事です。これを「レイバースケジューリング」と呼びますが、この出来不出来が売上高・利益の出方に大いに影響を与えます。**

仕事の量（作業量）を作業の種類別にあらかじめ見積もって、それぞれの曜日と時間帯に合わせて従業員・パート・アルバイトを張り付けていきます。ウィークデイと土日では客数の多少に応じて人数も2～3倍の開きがあったり、商品配送する曜日や時間帯は通常より人数を増やさなくてはなりません。

レイバースケジューリングをするときは、作業量を「人《にん》数×時《じ》間」という意味で「人《にん》時《じ》」の単位で測ります。たとえば、2人で4時間かかる作業は、2×4＝8で8人時と表します。

仮に「10人時」の作業があったとしたら、次のような組み合わせでそれを行なうことが可能です。

a．1人で10時間労働
b．2人で5時間労働
c．2人で3時間と1人で4時間の合計
d．3人で3時間と1人で1時間の合計
e．5人で2時間労働
f．10人で1時間労働

作業の質と量、作業場所、売場やバックヤードの状況などを考慮して、最も良い組み合わせを選んで計画し実施すればよいのです。

次は、実際にその人員配置・業務割当の結果が良かったのか悪かったのか、労働生産性の分析をしてみます。

そこで登場するのは「人時《にんじ》売上高」と「人時生産性」の指標です。

最初の**「人時売上高」とは、従業員1人が1時間当たりでどの程度の売上高を上げているのかという指標です。**

ある店舗の1日の売上高が100万円、その日の総労働時間（社員、パート、アルバイト含む）が120時間とすると、人時売上高は100万円÷120時間＝8333円／時間となります。

ユニクロの場合は国内の直営店の1店舗当たりの平均売上高が11年8月期で6億9585万8000円、1店舗当たり平均稼働人員は23・1人なので、人時売上高は、6億9585万8000円÷23・1人÷365日÷8時間＝1万0316円／時間となります（ファクトブックから算出）。

2つめの**「人時生産性」とは、従業員1人で1時間当たりどれだけの粗利（売上総利益）を稼いでいるかの指標です。**店舗の1日当たりの粗利額を1日の総労働時間で割っても出せますし、先ほどの人時売上高に粗利率（売上高総利益率）を掛けても算出できます。

たとえば人時生産性が5000円／時間と算出されたとして、人件費を粗利額の30％に抑えようと計画するのであれば、パート・アルバイトを含む従業員の平均時給が1500円（5000円×30％）以内になるように人員配置を組み立てればよいことになります。

この人時売上高と人時生産性の指標を適用すべきなのは、店舗作業のある業種だけに限りません。ルーティンワークの多い業種・業務であれば、人時を計算して人員配置と業務割当を計画して実行した後は、それらの指標を使って効率性を測ってみてください。参考になると思います。

3 アスクルのケーススタディ

成熟産業のなかでのニュービジネスの芽生え

オフィス家具・文具・事務用品メーカーのプラスは、1948年に文具卸の千代田文具として創立しました。80年代半ばには、委託生産主体の製造卸という位置づけから脱皮して本格的に生産を開始し、その後はオフィス家具にも進出しましたが、売上高は91年の1000億円をピークに下降を始めました（直近の2011年5月期の売上高は1032億円です）。

当時の文具・事務用品業界は、日本固有の複雑で多階層の流通構造になっていて、人間関係が一番重要と言われる昔ながらの取引慣行が特色でした。

文具・事務用品市場を見ると、法人顧客の割合が全体の75％、個人顧客が25％です。約660万ヵ所もある法人事業所は、30人以上の事業所が全体のたった5％、残りの95％が30人未満の中小規模事業所でした。

小中学校のそばにある一般の文具小売店は午後6時までしか開いていないし、取扱品種が多いこともあって品切れが頻発しています。サービス面でも定価販売の価格面でも問題が多く、しだいに量販店やコンビニなどの新しい販売チャネルの台頭で顧客を失い、廃業する店舗が増えていきました。

小売店が「注文取り」や「納品」と称して配送するのは、30人以上の大規模事業所に対してだけで、中小事業所や個人のニーズはまったく満たされていません。小売店の背後にはメーカーと卸がいて、なかでもコクヨが自社の系列卸を通じて日本国中に流通網を張り巡らしていました。プラスはチームデミや新基礎文具など新製品の開発力で知られていましたが、いくら新製品を開発しても、小売店の店頭には並ばず、売上にはほとんど結びつきませんでした。

こうした消費者との接点不足、チャネルの変化に危機感を抱き、これからの文具流通はどうあるべきかを検討するため、90年にプラスの今泉嘉久社長（現会長）は、「ブルースカイ委員会」というプロジェクトを発足させました。どのように最終消費者のニーズを把握し対応するか、本当の顧客は誰なのかなどのテーマを、社会的な全体最適性という観点から1年間にわたり議論しました。その結果、「通信販売」という新しいチャネルを担う目的で、アスクル事業推進室が92年5月にできました。メンバーは4人、そのリーダーは現アスクル社長の岩田彰一郎氏（ライオン出身。86年にプラス入社）です。

アスクルは、ターゲットを全国に630万事業所ある30人未満の中小規模事業所に絞り込みました。数は膨大で地理的に点在しているため営業効率も悪く、小売店が積極的な販売活動をしていない真空地帯でした。

アスクルはこのセグメントに、多頻度小口配送による均一なサービス、スピードと便利さを提供しました。それを強調するため「アスクル（明日来る）」という名称で、毎日午後1時までの注文には翌日中に配達することを約束しました。当時、配送はすべて外部の宅配業者にアウトソースしました。

また、膨大な数の顧客事業所に商品を提供するために、既存の、それも衰退途上にある一般文具小売店などをパートナーとして位置づけ、そのパートナーをエージェント（代理店）として契約し、個別営業による顧客開拓活動、与信管理と登録、代金の回収を委託したのです。

その一方でアスクル本部は商品仕入、販売ツールであるカタログ制作と配送、ＦＡＸによる受注、商品配送、顧客からの問い合わせやクレーム処理、物流センターによる注文処理を担当しました。

アスクルの船出とビジネスモデルの進化

１９９２年12月、約５００アイテムを掲載した最初のカタログを制作・配布しました。取扱商品のほとんどがプラスの製品で、既存チャネルへの影響を考えて、販売価格を１割引き程度にしました。エージェントのマージンは20％弱で、アスクルが行なう請求書の発行・送付、カタログの送付、販促ツールの費用はいずれもエージェントの負担としました。

こうして93年にサービスが開始されたとき、当初の登録顧客数は80事業所でした。バブル崩壊後の不景気な時期に船出したことになります。

１年目に売上目標の２億円を達成し、しだいに成長すると最終消費者のニーズに応えざるをえなくなります。「プラス以外の文具も扱ってほしい」「欲しい商品がカタログに載っていない」という声に押されて、95年から他社製品を扱い始めました。

97年のカタログでは取扱品目は２７５０、調達先は１００社以上となり、プラス製品の取扱比率は25％に下がりました。電気ポット、インスタントコーヒー、台所用品など、文具以外でもオフィスで必要なもののワンストップショッピングを提供するアスクルの進化が始まったのです。

97年5月には、プラスからアスクル事業の営業を譲り受け、別会社として正社員41名、パート派遣社員44名で新しいスタートを切っています。

２０００年5月期の売上高は４７１億円、経常利益は14億円となり、11月にはＪＡＳＤＡＱ市場に上場しました。僕が岩田社長に初めてお目にかかったのはその翌年01年6月で、8月の株主総会で監査役に就任しました。その後は右肩上がりで成長を続け、事業開始から15年目の08年5月期の売上高は１８９７億円、経常利益は98億円となりました。

翌09年5月期以降は、景気低迷、顧客の節約志向、競争激化などにより成長は多少鈍化していますが、現在、再成長に向かって中国市場への展開、間接材一括購買（ソロエル）、ＢtoＣ等の他市場開拓、ＰＢ（プライベート・ブランド）商品拡大などのさまざまな施策を打ち、経常利益率をより高くすべく努力しているところです。

最適在庫量を決める仕組み作り

前項で述べたアスクルの革新的なビジネスモデルは、一朝一夕に完成したわけではありません。いくつかの仕組みが下支えして、そのつど「進化」していったものです。

その仕組みの最も大きな柱が「デマンド・チェーン・マネジメント」です。

通常はメーカー側の視点に立ち、原材料の調達から生産、物流、販売など商品が消費者に届くまでの一連の流れをサプライ・チェーンと呼び、生産管理や在庫管理を行ないます。一方、**アスクルは消費者の購買代理人としての位置づけから、その流れをデマンド・チェーンと呼び、消費者の需要予測を出発点にして在庫管理を行なっています。**これをデマンド・チェーン・マネジメント（以下、ＤＣＭ）と呼びます。

アスクルはその成長過程において、お客様との約束である、注文した商品が「明日来る」ことを実現するために、毎日、多岐にわたる商品の在庫管理を厳しい目で行なってきました。しかし、商品が1万アイテムを超えると、人の目だけで管理を行なうことが困難になってきました（現在ではすでに3万アイテムを超えています）。そこで、次の2つの仕組みを導入した結果、高精度な在庫管理が可能になったのです。

①需要予測システムと自動発注システム

過去のお客様の購買履歴をもとに6ヵ月先までの需要を予測し、それに基づき自動発注システムで商品を補充発注していきます。これにより在庫削減と品切れ防止という問題解決を常に図っています。

②ウェブシステムの導入

6ヵ月先までの需要予測と直近の在庫状況、販売実績といった情報をサプライヤーと共有するウェブシステム「SYNCHROMART《シンクロマート》」を導入しました。これを使うとサプライヤー自身もリアルタイムで販売・在庫データを確認することができ、最適在庫管理が可能になっています。これにより、たとえば天候によって左右されるミネラルウォーター類などの在庫量も欠品することなく最適に保てます。

過去の数字の変化をとらえ、将来を完全に予測するのは難しいものの、**データを蓄積することによってより精度の高い予測が可能になっていきます。「何でも数値化」とその数字の変化を経営にうまく利用することが、過剰在庫等のムダをなくすことにつながります。**

図表28は、アスクルのビジネスモデルを支える情報システムの概念図です。これは会社が公表した図表ではなく、僕の理解に基づくものです。

図表28　アスクルのビジネスモデルを支えるシステム

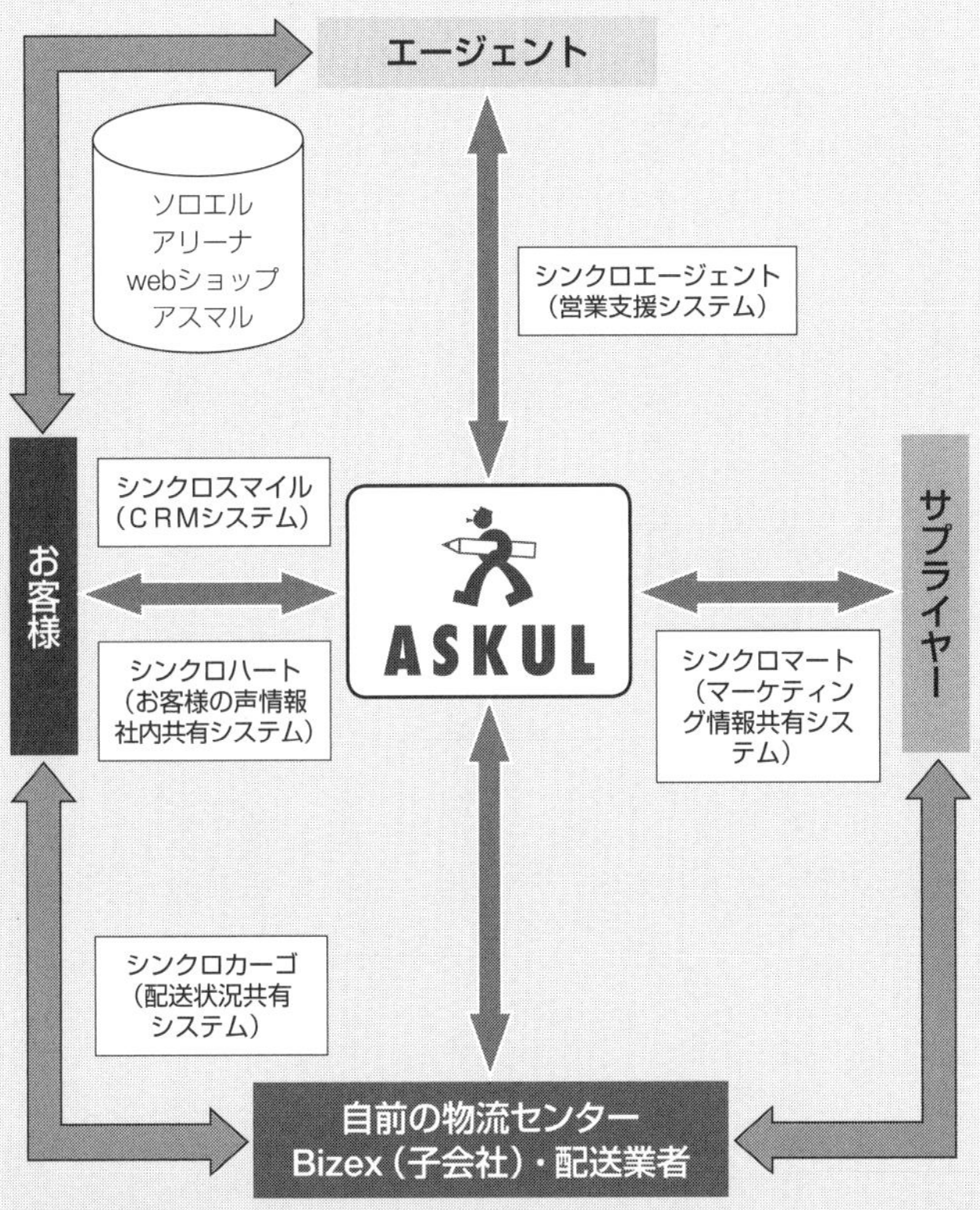

◆ロジスティックス（物流・在庫管理・配送）…全国6ヵ所にある物流センターでは、最新の物流機器・技術とさまざまな工夫により、受注してから最短で20分後には商品を梱包し出荷することが可能になっています。

◆顧客からの問い合わせに迅速かつきめ細かく対応するカスタマー・リレーションシップ・マネジメント（CRM）…アスクルが進化するために必要不可欠な心臓部ともいえる「お問い合わせセンター」に集まる顧客情報（属性、購買履歴、お問い合わせ内容）をご要望、クレームを含めて蓄積・分析し、社内の関連部署にフィードバックし、データマイニングの手法を取り入れてマーケティングに役立てています。

経営環境は絶えず変化しているので、リスクを最小限に留めつつ、これらの仕組みをさらに精緻に、環境変化に耐えうるよう柔軟に発展させる必要があります。成長鈍化の主因を景気低迷や競争激化などの外的要因に求めることなく、アスクルの企業理念である「お客様のために進化するアスクル」を実現し社会に役立てるべく、これからも地道に、しかしダイナミックに企業努力していくことになるでしょう。

4 コマツのケーススタディ

赤字転落の主因は固定費にあった

コマツ（株式会社小松製作所）の取締役会長である坂根正弘さんの著書『ダントツ経営』（日本経済新聞出版社、２０１１年４月）には、社長就任時からの経営改革について詳細に書かれてあります。坂根さんには11年8月にＦＲＭＩＣ（ファーストリテイリング社内の教育機関）で講演をしていただいた際に、この本を頂戴しました。ちょうど買って読もうと思っていたところでしたが、買わずに済みました。ありがとうございました。

ご著書の中には、**決算作業の迅速化が間接部門の生産性向上に非常に役立った**、と述べられていますので紹介します。

01年6月に坂根さんが社長に就任した頃は、前年にＩＴバブルがはじけ大手電子機器メーカーの業績が悪化、大規模なリストラに追い込まれたり、原油価格が低迷し、建設機械の国内市場は公共事業の抑制で縮小傾向にありました。02年3月期の営業赤字は１３０億円、純損失は８００億円でした。国内で建設機械売上トップの同社と言えども、経営の危機です。この赤字転落を機に、彼はコマツの「構造改革」を進めると宣言しました。

もともと、なぜコマツの社員は一生懸命やっているのに、欧米のライバル、とりわけ世界最大手のキャタピラー社に比べて低い利益しか出せないのか、といった点に大きな疑問を感じていた坂根さんは、赤字の本当の原因を探ろうとします。まずは「変動費」に絞り、全世界のコマツの各工場の実力比較をしました。それで確認できたのは、日本の工場の生産コストが最も低いことでした。まずは一安心です。

幸いなことに変動費は大丈夫だったので、次は「固定費」の調査です。結果、**高すぎる固定費が赤字の主因で、その本質は今まで蓄積されてきた「ムダな事業や業務」とくに慢性的に赤字の子会社群、それを許してきた社内体制にあったのです。**ちなみに、コマツが当時ベンチマークしていた競合メーカーの売上高販管費比率は、コマツのほうが6ポイント程度高かった（コスト高だった）ということです。1兆円の売上高なら600億円の利益の差になります。

固定費削減が最優先課題となってからは、不採算事業や本社の業務を徹底的に見直し、希望退職や子会社の統廃合などを行ないました。300社あった子会社を1年半で110社減らしたそうです。すべての商品で世界1、2位を目指し、それ以外の「事業を持ち続ける理由」のない事業は、整理・売却しました。捨て去るものを決めたのです。

決算の迅速化が経営改革のカギとなる

固定費削減の過程で、ある突破口に気付いたのは、決算作業の「期ズレ」問題でした。以前は、4～6月の四半期決算を発表するとき国内事業は当然4～6月の数字を集計するのですが、海外事業については集計に時間がかかるので1～3月の数字を代用していました。会社の状況を正確に知るという意味で素早い決算は大切なので、「決算集計の迅速化」を経理部門に課しました。

そこで**決算集計について、子会社ごとに点数をつけ、納期遅れは1日当たり1・5点減点、計算ミスは1点減点という具合に数値化しました。**工場ごとの製品品質を数字で比較するのは当たり前ですが、間接部門では事例がありません。子会社の社長も自分の会社の手際の悪さで全社の決算が遅れていることなど知りません。しかし、点数でそれが「見える化」されればがんばります。これで納期遅れは見事に改善されたそうです。

また、**決算が期日どおりにできないのは、年度末に集中してあわただしく数字をまとめようとするからで、月次や日次で数字管理がしっかりできていれば、そんなことはなくなります。**事実、コマツの2002年3月期決算は同年5月10日に発表しています（日本企業の標準的な日数と同じで40日ほどかかっています）が、06年3月期決算は4月27日に発表しているので、大幅に改善されています。

結局、**間接部門の生産性を高めるために効果があったのは、決算の迅速化なのです。**本書でも、月次決算の迅速化の大切さをお伝えしましたが、全社的な経営改革の糸口が会計と密に関わっていたというのは当然のことかもしれません。

余談ですが、コマツは11年に「ITを利用し自社だけでなく顧客のオペレーションも効率化した」ということでポーター賞を受賞しています。「KOMTRAX」と呼ばれるデータ収集システムは、建設機械に標準装備したGPSとセンサーで全世界に散らばって活躍している車両のあらゆるデータを収集し、建機の需要予測や在庫管理に活かしたり、部品交換やメンテナンスなどのアフターサービスに結び付けています。代金回収できない相手先には遠隔操作でエンジンを止めることも可能、とのことです。そこまで考えているとは驚きです。賞賛に値しますね。

5 日本マクドナルドのケーススタディ

QSCのことだけを考えろ！

原田泳幸さんがアップルコンピュータ日本法人社長を辞め、日本マクドナルドホールディングスの副会長兼CEOに就任したのは2004年2月のことです。前年の03年12月期の売上高は2998億円、経常利益は19億円でしたが、当期純利益は71億円の赤字でした。当時「マック（アップルのコンピュータの愛称）からマックへの転身」と、ちょっと茶化してマスコミ報道があったことを記憶しています。

日本マクドナルドは立志伝中の経営者、藤田田《でん》さんが創業した企業です。1971年に銀座三越店内に日本の1号店を開業以来、大変な勢いで日本中に拡大成長を続けてきましたが、90年代後半から既存店売上が対前期比マイナスとなり、01年には創業以来初の赤字になりました。「デフレ時代の勝ち組」と言われていたのが一転、ハンバーガーの値下げと値上げを繰り返した末に顧客離れを引き起こしていたのです。藤田さんは02年7月に経営不振の責任を取り、ご自身の体調不良もあって社長を辞任し、原田さんが入社してから2ヵ月後の04年4月に亡くなりました。

危機的な状況のなかで同社の経営を任された原田さんは、いったい何をしたのでしょうか。**もともとのマクドナルドの基本原則であるクオリティ・サービス・クレンリネス（品質・接客・清潔、以下QSCと称す）向上の徹底を求め、どんな小さな問題が起きてもただちに対応できるように緊急連絡体制（エマージェンシー・ホットライン）を設置し、どんな意見でも匿名で提案・告発できるようにインフラを整備したのです。**その結果、業績は順調に伸び、4年間で約1000億円売上を伸ばすことができました。08年12月期の売上高は4064億円で、経常利益は182億円に上りました。

その後、10年12月期まで連続して7年間、既存店売上高が対前期比プラスとなり、同期のシステムワイドセールス（直営店とFC店の売上合計）は今まで最高の5427億円となりました（FC店の戦略的閉鎖、直営店からFC店への移行などにより、連結売上高は3237億円と減収となっています）。

本書の原稿を書いている最中（12年1月5日）に同社から発表がありましたが、11年12月期の既存店売上高は前年比で1・0%増え、8年連続で増加したとのことです。11年12

月の全店売上高は単月で過去最高だったそうです。すごいですね。

原田さんが社長に就任したとき、社員に提示したのは複雑なものではなく「たったの紙1枚」だったそうです（『ハンバーガーの教訓』原田泳幸著、角川書店、08年1月）。それには1年間に店舗数と売上高をどうするかが示され、その数字にしても、店舗数の拡大を目指すものではなく、店舗数を一定に保ったままで売上高をどこまで伸ばしていくかの目標を示したものでした。それによってQSC（クオリティ・サービス・クレンリネス）の原点に立ち返って基盤を固めていくという方針をはっきりさせただけのこと、と述懐されています。「QSCのことだけを考えろ」と訴えかけられれば、命じられた側は実行しやすいです。

目標を具体的数字で分かりやすく設定し、それを社員に示すこと、同時に、今までやってきたことの原点に立ち返ればうまくいく、決して難しいことではない、と社員たちを説得し、自信を取り戻させたことが、危機的状況から這い上がれた大事な要因だったと改めて感じます。

QSCは、さまざまな細かい項目のスコアをミステリーショッパーの手法などを使って調査し、そのスコアカードは毎日更新され、社員やFCオーナーたちは毎日それを見ています。QSCのスコアと客数の増減には大きなプラスの相関関係があり、従業員満足度との相関も明らかです。原田さんが書いた『勝ち続ける経営』（朝日新聞出版、11年12月）の36〜37ページにそれぞれ図解されています。

『日経ビジネス』11年7月11日号の記事には、「1店舗当たりの平均売上高とまったく逆の相関を示すのは、クルー（店舗のアルバイト従業員）の離職率です」とか、「売上高の増加に至る要因は、従業員満足度（ES）スコアの向上から始まって、離職率の低下→QSCスコアの向上→客数の増加に至る」とあり、各グラフが示されています。

実態データを数字やグラフで示されると納得しますし、どうすれば売上が増加するかが明確になります。僕はこれを、**「お店をいつもきれいに清潔に保ち、店員全員がニコニコ笑顔でお客へのホスピタリティ（おもてなしの心）を持って働き、お客が驚くような美味しくて良質で安全なできたてハンバーガーを納得価格でスピーディーに提供し続けること」**と理解しました。

サービス力を高める独自の経営指標「CSO」

驚いたことに、原田さんが社長になってから商品を値下げしたことはなく、ずっと値上げし続けているそうです。もちろん顧客が期待する以上に商品価値が上がったから、値上げされても新規顧客が獲得でき、既存顧客も来店頻度が下がらなかったのだと思います。

年間のお客様のべ人数は「15億人なので、1円多くいただければ15億円の利益が上がる」けれど、逆もあるわけで、薄利多売のビジネスモデルはそれだけ難しいのです。事実、膨大な数の過去のお客様購入レシートを分析し、どの商品をどうしたらお客様の行動が変わるということをシミュレーションして、微妙な経営のかじ取りをしているそうです。

もう1つ、同社では独自の経営指標を取り入れています。CSO（カスタマー・サティスファクション・オポチュニティ）というもので、顧客満足度という表現の代わりに使っていて、「顧客満足度をさらに上げる機会」という意味です。数値が大きくなればなるほど「上げる機会がまだある」ということは、「ダメ」ということで、この指標はゼロがベストなのです。店舗ごと時間ごとに本社に集計されてきていて、それを限りなくゼロにすべく日々取り組んでいるとのことです。

CSOがゼロになれば利益が出る、というロジックはとても分かりやすいです。チェックポイントなどの詳細は分かりませんが、ここをこのように修正すればゼロになる、ということが店舗の現場で取り組みやすくシステマチックに設計されているのだろうと思います。それに「お客様満足度を上げる」というよりも「お客様満足度をさらに上げる機会を作らないようにする」のほうが、よりお客様視点に立っていて、お客様のために何ができるか、何をしてはいけないかを考えるようになります。秀逸な経営指標だと思います。

6 ヤマト運輸のケーススタディ

数字による予測計算で宅配需要を確信

ヤマト運輸の「クロネコヤマトの宅急便」の生みの親であり元社長の小倉昌男さんが書いた『経営学』(日経BP社、1999年10月)は、創業者である父・小倉康臣氏の後を継いで社長になる前後から、宅急便を誕生・発展させた過程が詳しく描かれています。

成功する経営者は試行錯誤を繰り返し絶えず学習し続ける、ということを教えてくれます。経営者にとっては何度も読み直すべき名著だと思います。僕が勤める中央大学専門職大学院アカウンティングスクールでも同社の経営幹部の方に講演していただき、ケーススタディとして何度か取り上げました。

オイルショック後に低迷していた運輸業の業績を回復するために、宅急便の名称で民間初の個人向け小口貨物配送サービスを始めるにあたって、大口取引先の松下電器や三越百貨店との取引を解消したこと、宅急便の規制緩和をめぐって86年に旧運輸省を相手に行政訴訟を起こしたことなど、エピソードには事欠きません。ヤマト運輸のホームページ上にも「宅急便30年のあゆみ」と題して、2006年1月までの30年間の歴史が記載されています。

僕がこの本で興味を引かれたのは、小倉社長の数字による予測計算（仮説の作り方）の確かさと、数字で表すサービスレベルについてです。ちょっと長くなりますが、要約して書かせていただきます。

71年に社長になった小倉昌男さんは、ヤマト運輸がなぜ低収益なのか、その理由を探します。自社の路線貨物の荷筋を調べると50個口以上が圧倒的に多く、10個口以下の小口の件数は全体の1割にも満たない。他社の状況はどうかと思い、ライバルの支店現場を陰から観察すると、営業利益率が7％以上の路線運送会社の荷筋は1口5個以下の貨物が多い。5％以上の会社は多くが10個以下の小口だった。他社は大口も運んでいるが、その陰で小口貨物を大量に運んでいたのが分かりました。

当時、東京－大阪間の1個口の運賃は700円。大型トラックは10トン車で、段ボール1個が平均24キロとすると、1台に400個強積めます。大口顧客への運賃は1個当たり200円だから、トラック1台の収入は8万円となる。それが、1個口の荷物を満載にすれば700円×400個＝28万円となる。1個口の小口荷物を集めるのはコストがかかるが、これだけの運賃が稼げるなら商売として魅力がある。それまで業界の常識だった「小口荷物は、集荷・配達に手間がかかり採算が合わない。小さな荷物を何度も運ぶより、大口の荷物を1度に運ぶほうが合理的で得」という理屈が誤りだと気付いたのです。そこで急きょ小口貨物を集めるように指示しましたが、弊害があってすぐには難しい。

本社が東京にあるし、労働組合がしっかりしています。賃金ベースは他社より高く、コストに占める人件費の割合は60％近いので、1人当たり月給で5000円違うと他社との競争には勝てません。それなら仕事を変え、新しい市場を目指すべきではないだろうか。個人の荷物の宅配なら、百貨店配送のノウハウを持つ当社なら参入できるかもしれないと思い立ちました。

しかし、個人宅配市場は需要がまったく偶発的でつかみづらいから、事業は不安定です。どこで依頼されて、どこまで運ぶかは頼まれるまでまったく不明です。コストはいくらかかるか分からないが、運賃は郵便小包料金より高くは取れないから、大きな赤字になる可能性もある。一方、家庭の主婦は運賃を値切らないし、現金でその場で払ってくれる。この時点では、デメリットのほうが大きい。

その頃、外食チェーンの吉野家はそれまでいろいろあったメニューをやめて、牛丼1つに絞りました。牛丼に絞ることにより、良質な肉を安く仕入れることができ、すぐにできて、味が良いし、値段も安いと評判になっている。店員も素人のアルバイトでいいので、人件費を低く抑えることができます。

当社の「何でも運べる良いトラック会社になる」という方向性は間違っているのではないだろうか。広く何でもやれる会社と、狭く1つのことしかやれない会社のどちらの可能性があるだろうかと、74年頃から考え始めました。

いったい個人の宅配需要はどのくらいあるのか、調べてみることにしました。東京の中野中央1丁目と2丁目の約2000世帯を社員に回らせ、小荷物が1年間に何個出ているか調査させました。各所帯で平均して2個くらい、ほとんど郵便小包です。盆暮の贈答品は百貨店で購入しそこから発送するものが多いので、実際の需要個数はもっと多いはず。当時、郵便小包で年間1億9000万個を扱い、国鉄小荷物は6000万個を扱っていたので、既存の総量は2億5000万個であり、仮に1個当たり500円とすると1250億円の市場と推定される。当社が食べていくには十分な規模だ、ということになりました。

成功のカギは、全国規模の集配ネットワーク作り。参考になったのは空港のハブ・アンド・スポーク・システムです。そこで拠点となる集配センターは全国にどれだけの数が必要なのか。全国の人の住む地域の20万分の1の地図を集め、半径20キロの円を描いたらどうなるか（集配車は平均時速40キロで走るから集荷の依頼があったら30分で着く距離は20

キロと想定)。その円の数が必要なセンターの数ではないだろうか。

これは大変な作業であり、方法を間違えたのです。別の簡単な方法はないだろうか。集配郵便局は全国に5000局もある。信書が多いから、こんなに多い。公立中学校は1万1250校。歩いて通うからこんなに多いのです。これも参考にならず。一方、警察署は1200あります。治安維持目的の警察がこれで済むなら、当社の営業所もこの程度で間に合うのでは、ということでセンターの目標は1200としました。

結局、個人宅配参入に役員は全員反対だったのに、準備の末、75年8月に「宅急便開発要項」を社内発表しました。翌9月1日、10名のワーキンググループを編成しました。若手社員中心で労組の代表にも参加してもらいました。10月末に計画書とマニュアルを作成しました。かなり詳細な宅急便商品化計画とマニュアルです。これらの事例も新しいプロジェクトや事業などの実行計画を作る際に、非常に参考になると思います。

こうして76年1月20日、「電話1本で集荷・1個でも家庭へ集荷・翌日配達・運賃は安くて明瞭・荷造りが簡単」というコンセプトの商品『宅急便』が誕生したのでした。

サービスレベルを数値化し、配達品質を高める

宅急便誕生のあとも新サービス開発など参考になる事例には事欠きませんが、あと1つ

だけ紹介したいと思います。それは、**顧客に対するサービスのレベルを数値として把握し公表したことです。これは立派な経営指標となります。**

毎日、各センターに到着した荷物のうちで翌日配達できなかった件数を調べ、％で表示します。都道府県単位で、縦軸に発地、横軸に着地を置いて、発着都道府県間の総個数に対する翌日配達未了個数を、それぞれのマス目に百分比で表す仕組みです。サービスレベル表は毎月発表し、どの県からどの県に行く枠内の数字が悪いかを調べ、改善するようにしました。

最初に出てきた結果は満足とはほど遠く、遠隔地に行くものなど40％以上の未達率を示すものもありました。企業や商店に宛てたものは閉店時には受け取ってもらえません。そういった事情を修正しなくては、未達率は高くなってしまいます。**サービスレベルのチェックは、サービスの差別化を営業戦略としている以上、欠かすことのできない大事な仕事で、これを公表することによって配達品質が向上したことは明らかだと思います。**

要約してお伝えしたいことはまだまだ山ほどありますが、あまり書きすぎると『経営学』が売れなくなると困りますので、この辺でやめておきます。ぜひ、同書を手に取ってお読みください。

おわりに

世の中に経営コンサルタントは山ほどいます。経営全般から業種や機能・目的を特定したコンサルタントまで、非常に幅広く存在します。

業種を特定した、たとえば飲食業コンサルタントはごく一般的ですが、林業・製材業や旅館経営に特化した人もいます。機能や目的を特定したという意味では、人事コンサルタント、教育コンサルタント、物流コンサルタント、情報システム、ＩＲ（株主への広報活動）コンサルタントなどから、僕のような上場準備コンサルタントまでさまざまです。営業形態としては、個人営業から組織的に広範な経営課題解消に取り組む経営コンサルティング会社まであります。

公的な資格がないため、経営コンサルタントと自称すれば誰でも仕事ができるだけに、本当の実力は話してみて一緒に仕事をするまでは分かりません。

僕は他の経営コンサルタントとどこがどう違うのか、違いがあるとすれば何だろうかと自問したことがあります。公認会計士と税理士という公的な資格を持っているので、企業会計・財務・税務に強いと思われがちですが、その分野もある程度知っているという程度で、各分野に特化・精通した専門の方々と比べればまったく幼稚園並みかもしれません。複雑で難解な問題が眼の前に現れたら、そのことに詳しい人たちを知っているので、聞いて教えてもらっています。僕自身の経営コンサルタントとしての定義は、「上場会社に相応しい強い会社をつくるための経営全般を指導することを守備範囲にし、ある程度の人的ネットワーク力を持った経営コンサルタント」といったところになるでしょうか。これでは、すぐれた特徴は見出せません。

では、経営コンサルティングの進め方についてはどうか、差異や優位性はあるのでしょうか。

まず初めは、経営者に出会ったときにする質疑応答の吟味です。僕の質問は「あなたの経営目的は何ですか？」と「5年後、10年後にどのような会社にしたいですか？」です。上場準備コンサルティングのケースであれば「上場する目的は何ですか？」が最初の質問になります。

この質問に対する答えに「志の高さ」を感じられ、単なる金儲けが目的でなければコンサルティングを引き受けるようにしています。もちろん、価値観やウマが合うか合わないかも非常に重要で、こちらはいろいろな話をしているうちに自然に分かるものです。

最近出会った外食チェーンの若手社長にこれらの質問をしたときは、「同業者のどこよりも従業員の給与水準を高くし、彼ら彼女らの生活水準を上げたい」との回答でした。ユニクロの柳井さんに初めて会ったときも「カジュアルウエアの既存の流通ルートを変え、自分たちの手で良質の商品を作り、より多くの人たちにもっと安く売りたい」と仰っていました。両者ともに、きれいごとではなく高い志を感じ、なんとかしたい、手を貸すことができればいい、と即座に思いました。この志を聞いた後は、それに基づいたビジョンやミッション、経営戦略などが立てやすくなります。

2つめは、柱となる事業の基本的な「損益構造」と「キャッシュフロー構造」を分析し、理想形に近づけるという作業です。非常に簡単に言えば、「必ず利益の出る商売をし、キャッシュインを増やしてキャッシュアウトを減らし現金を残す」、これだけです。詳細は本文に譲りますが、要は、経営者に常に会計思考を持ってほしいということです。

3つめは、会社の強さと弱さとリスクを知るという局面です。弱さを補強するよりも、強さを伸ばすことを先に行なうべきです。経験的に言うと、強さを伸ばしていく過程で同時に弱さも補強されていくことが多いです。より強さを伸ばすにはどうするかを考えて実行します。

4つめは、経営コンサルタント自身が経営者と同じ視点に立ち、同一目線から意見し仕事をするということです。経営者と一緒に苦労する覚悟が必要です。経営幹部や従業員からは最初、余計な首を突っ込む部外者と思われるかもしれませんが、仕事を一緒にやっていくうちに味方だと理解し協力してくれます。

5つめは、「経営は教育と同じだ」ということを経営者に理解してもらうことです。親が子供を教育するように、経営者が部下を怒るときも人格を傷つけたり否定することなく、どこが悪かったのか、やったことの欠陥を伝え、なぜ怒られたかを分からせます。人は感情の生き物ですから、納得しないと動きません。指示命令するときも、その仕事の目的と意義を明確に伝えます。社員全員が一枚岩のように行動できたら素晴らしい力が発揮できます。「うちにはできる社員がいない」と嘆く前に、自分から社員を教え育てると同時に、社長も社員に育てられ一緒に成長するのです。

僕のコンサルティングの進め方の基本は、この程度です。この中にコンサルティングの秘訣があるのかどうか分かりませんが、このように並べても分かるように、突飛で特別な項目は1つもなく、会社を経営するのと同じく、実にベーシックで、当たり前に地道に一歩一歩実行すべきものばかりです。

以上、経営コンサルタントあれこれと僕の仕事の進め方について記述しました。実はこれは、ある意味で経営者のための経営のヒントになるのでは、との思いから書きました。

経営コンサルタントを雇う側の会社の立場に立てば「会社内にその仕事をできる人が今はいないから社外の人に指導を仰ぐ」のか、「社内にも有能な人はいるけれど、社外の経営コンサルタントという外圧を使って経営陣を巻き込んで会社全体の改革をしたい」場合に使うことが多いです。

よくよく考えると経営コンサルタントの仕事というのは、会社全体の仕事の進め方、つまり業務の流れを俯瞰しながら、事業活動しているマーケット全体を客観的に評価し、マーケット内の会社の立ち位置を確認し、今後の方向を見据え、社員全員の力を結集して蓄え、一挙に事業を進める、という会社経営の行動を映す鏡なのだろうと思います。

以上、あれも書きたいこれも示したいと、思い入れ先行で書いたため、まとまりがなく、会計の教科書とは言えないかもしれません。しかし、今日のような逆境のなかで厳しい経営を強いられている経営者やビジネスマン諸氏にとって、少しでも目の前の仕事に役立つように書いたつもりです。

逆境は誰にとっても逆境です。逆境だと感じると消極的になり、「リスクが大きいからやめよう」と誰でも思います。簡単にできることなら、すでに誰でもやっています。

リスクが大きいからこそ、チャレンジすべきです。

できない理由ばかり並べるのをやめて、何をどうしたらできるかを、小学生のときに勉強した5W1Hにもう1つのH（How much?）を加え5W2Hで整理して考えて、考えて、考え抜いて実行してみましょう。病気なら別ですが、何日も徹夜して考え抜いても人間は簡単に死ぬことはありません。そこまで考えたでしょうか。ほんのちょっと考え方の道筋や分析手法、視点を変えるだけでも、できる、やれそうだ、そう思えてきます。

逆境こそチャンスの宝庫なのです。くじけずに何度でも挑戦してみてください。

本書でも触れましたが、経営者や社員が動くと、それが会計数字に表れます。その後の会計数字の変化を通して、経営者たちは反省し、見直し、計画し、また次の行動につなげます。会計数字は人を動かし、強い会社をつくる元になるのです。

優秀でない普通の人々の集団であっても、強くて継続的に成長し続ける企業を作りたいと真剣に考えて行動する真面目な経営者やビジネスマンの方々に、本書をぜひ読んでほしいと願います。会計数字は使い方しだいで、普通の人々の集団を経営者の高い志の方向へ動かし、会社を変えていきます。

最後に、久しぶりに本を書く機会を与えてくれたダイヤモンド社編集者の小川敦行氏に感謝します。そして、過去に出版した拙著の読者に「新しい本は書かないのですか？」と聞かれるたびに「ちょっと忙しくて…」と言い訳ばかりしてここ何年も逃げていたので、その方たちに「やっと書きました!」と胸を張って言いたいと思います。できない理由ばかり並べていた自分とやっと決別できました。刺激してくれた読者にも感謝します。

熱い読者からの本書への数々の批評・苦言・文句をお待ちしています。

安本隆晴

[著者]
安本隆晴（やすもと・たかはる）
公認会計士・税理士。株式上場準備コンサルタント。
1954年静岡生まれ。1976年早稲田大学商学部卒業後、朝日監査法人（現・あずさ監査法人）などを経て、安本公認会計士事務所を設立。1990年（株）ファーストリテイリング（旧・小郡商事）の柳井正社長と出会い、以降、株式上場準備コンサルタント・監査役として、同社の躍進を会計面から支えてきた。現在、アスクル（株）監査役、（株）リンク・セオリー・ジャパン監査役、（株）UBIC監査役、（株）カクヤス監査役、中央大学専門職大学院国際会計研究科特任教授でもある。
著書に『熱闘「株式公開」』『「ユニクロ」！監査役実録』（ともにダイヤモンド社）、『数字で考えるとひとの10倍仕事が見えてくる』（講談社）、『火事場の「数字力」』（商業界）など。柳井正著『一勝九敗』『成功は一日で捨て去れ』（ともに新潮社）の編集にも携わった。
著者Eメール：takay@blue.plala.or.jp

ユニクロ監査役が書いた
強い会社をつくる会計の教科書

2012年5月17日　第1刷発行
2012年9月19日　第8刷発行

著　者——安本隆晴
発行所——ダイヤモンド社
〒150-8409　東京都渋谷区神宮前6-12-17
http://www.diamond.co.jp/
電話／03･5778･7234(編集)　03･5778･7240(販売)
装丁———布施育哉
本文DTP——桜井淳
製作進行——ダイヤモンド･グラフィック社
印刷———勇進印刷(本文)・慶昌堂印刷(カバー)
製本———川島製本所
編集担当——小川敦行

ISBN 978-4-478-02142-2